Kaka 2023

Lär dig tillaga fantastiska kakorna

Rebecca Hellström

INNEHÅLLSFÖRTECKNING

Droppande bondgårdstårta 12
Amerikansk pepparkaka med citronsås 13
Kaffe pepparkakor 15
Tårta med ingefära grädde 16
Liverpool Gingerbread Cake 17
Havregryn pepparkakor 18
Klibbiga pepparkakor 20
Integral Gingerbreak 21
Honung och mandelkaka 22
Citron Iced Cake 23
Iced Tea Ring 24
Lardy tårta 26
Kumminfrökaka 27
Marmorkaka 28
Lincolnshire lagertårta 29
Tårta med bröd 30
Tårta med marmelad 31
Vallmofrökaka 32
Vanlig yoghurtkaka 33
Tårta med katrinplommon och grädde 34
Hallonvåffelkaka med chokladgrädde 36
Sandkaka 37
Frökaka 38
Kryddringstårta 39

Kryddig lagertårta 40

Socker- och kanelkaka 41

Viktoriansk tekaka 42

Allt-i-ett fruktkaka 43

Allt-i-ett fruktkaka 44

Australisk fruktkaka 45

Rik amerikansk tårta 46

Carob fruktkaka 48

Fruktkaka med kaffe 49

Tung Cornish Cake 51

Vinbärstårta 52

Mörk fruktkaka 53

Skär-och-kom-igen tårta 55

Dundee tårta 56

Äggfri fruktkaka över natten 57

Omisskännlig fruktkaka 58

Ingefära fruktkaka 60

Farmhouse Honey Fruktkaka 61

Genua tårta 62

Glacé fruktkaka 64

Guinness fruktkaka 65

Färspaj 66

Fruktkaka med havre och aprikoser 67

Fruktkaka på natten 68

Russin och kryddkaka 69

Richmond tårta 70

Fruktkaka med saffran 71

Fruktkaka med läsk 72
Snabb fruktkaka 73
Fruktkaka med varmt te 74
Fruktkaka med iste 75
Sockerfri fruktkaka 76
Små fruktkakor 77
Vinägerfruktkaka 78
Virginia Whisky tårta 79
Walesisk fruktkaka 80
Vit fruktkaka 81
äppelkaka 82
Kryddad äppeltårta med knaprig topping 83
Amerikansk äppeltårta 84
Äppelpurékaka 85
Äppelciderkaka 86
Äppel- och kanelkaka 87
Spansk äppeltårta 88
Äppel- och sultanatårta 90
Upp och ner äppelkaka 91
Aprikoskaka 92
Aprikos och ingefära kaka 93
Aprikoskaka 94
Banankaka 95
Banankaka med knaprig topping 96
Banansvamp 97
Fiberrika banankaka 98
Banan- och citronkaka 99

Choklad Banan Blender Cake 100
Banan och jordnötskaka 101
Omfattande banan- och russinkaka 102
Banan och whisky tårta 103
Blåbärstårta 104
Körsbärskullerstenstårta 105
Körsbär och kokos kaka 106
Körsbärs- och sultanatårta 107
Tårta med iskalla körsbär och valnötter 108
Damson tårta 109
Tårta med dadlar och valnötter 110
Citronkaka 111
Apelsin och mandelkaka 112
Havrekaka 113
Mandarin Mandarintårta med frosting 114
Apelsinkaka 115
Persikakaka 116
Apelsin och Marsala tårta 117
Persika och päronkaka 118
Fuktig ananastårta 119
Ananas och körsbärskaka 120
Natal ananastårta 121
Ananas upp och ner 122
Ananas och valnötskaka 123
Hallontårta 124
Rabarberkaka 125
Honungsrabarbertårta 126

Rödbetskaka 127
Morot och banankaka 128
Morot och äppelkaka 129
Morots- och kanelkaka 130
Morots- och pumpakaka 131
Morot och ingefära kaka 132
Morot och valnötskaka 133
Morots-, apelsin- och valnötskaka 134
Morot, ananas och kokos kaka 135
Morot och pistagekaka 136
Morot och valnötskaka 137
Kryddad morotskaka 138
Morot och farinsockerkaka 140
Tårta med pumpa och ärtor 141
Pumpa och apelsinkaka 142
Pumpa tårta med kryddor 143
Pumpa tårta 145
Pumpafruktkaka 146
Rulla med pumpakrydda 147
Rabarber och honungstårta 149
Sötpotatistårta 150
Italiensk tårta med mandel 152
Mandel- och kaffekaka 153
Mandel- och honungstårta 154
Mandel- och citronkaka 155
Mandelkaka med apelsin 156
Rik mandelkaka 157

Svensk pastakaka	158
Kokosbröd	159
Kokos kaka	160
Gyllene kokosnötskaka	161
Kokos lager kaka	162
Kokos- och citronkaka	163
Tårta för det nya året med kokos	164
Kokos- och sultanatårta	165
Nötkaka med knaprig topping	166
Tårta med blandade nötter	167
Tårta med grekiska valnötter	168
Nötkaka med valnötter	169
Valnötstårta med chokladkräm	170
Valnötstårta med honung och kanel	170
Bars med mandel och honung	171
Äppel- och svartvinbärsbarer	174
Aprikos- och havregrynsstänger	175
Aprikos Crunchies	176
Bananbarer med nötter	177
Amerikanska brownies	178
Choklad Fudge Brownies	179
Brownies med nötter och choklad	180
Butter bars	181
Cherry Candy Traybake	182
Choklad Traybake	183
Cinnamon Crumble Layer	184
Kläskiga kanelstänger	185

Kokosbarer 186

Kokos och sylt smörgåsbarer 187

Dadel och Apple Traybake 188

Dadelskivor 189

Mormors dejtingbarer 190

Bars med dadlar och havregryn 191

Bars med dadlar och nötter 192

Fikonstavar 193

Flapjacks 194

Cherry Flapjacks 195

Choklad Flapjacks 196

Fruktig Flapjacks 197

Frukt och nötter Flapjacks 198

Ginger Flapjacks 199

Valnöt Flapjacks 200

Tangy Lemon Sandbread 201

Mocka och kokos kvadrat 202

Hej Dolly Cookies 204

Kokosbars med nötter och choklad 205

Valnötsfyrkant 206

Apelsin valnötsskivor 207

Parken 208

Jordnötssmörstänger 209

Picknickskivor 210

Ananas och kokos barer 211

Tårta med plommonjäst 212

Amerikanska pumpastänger 214

Barer med kvitten och mandel 215
Druvstänger.. 217
Havregrynsruta med hallon 218

Droppande bondgårdstårta

Gör en 18cm/7 tårta

225 g/8 oz/11/3 koppar blandad torkad frukt (fruktkakamix)

75 g/3 oz/1/3 kopp nötköttsdropp (förkortning)

150 g/5 oz/2/3 kopp mjukt farinsocker

250 ml/8 ml oz/1 kopp vatten

225 g/8 oz/2 koppar fullkornsmjöl (helvete).

5 ml/1 tsk bakpulver

2,5 ml/½ tesked bikarbonatsoda (bakpulver)

5 ml/1 tsk mald kanel

En nypa riven muskotnöt

En nypa mald kryddnejlika

Koka upp frukt, droppar, socker och vatten i en tjockpanna och låt sjuda i 10 minuter. Låt det svalna. Blanda de återstående ingredienserna i en skål, häll sedan i den smälta blandningen och blanda ihop försiktigt. Häll upp i en smord och fodrad 18 cm/7 form och grädda i en förvärmd ugn vid 180°C/350°F/gas 4 i 1½ timme tills den är väl puffad och lossnar från sidorna av formen.

Amerikansk pepparkaka med citronsås

Gör en 20cm/8 tårta

225 g/8 oz/1 kopp socker (mycket fint).

50 g/2 oz/¼ kopp smör eller margarin, smält

30 ml/2 msk svart (melass)

2 lätt vispade äggvitor

225 g/8 oz/2 koppar vanligt (all-purpose) mjöl.

5 ml/1 tesked bikarbonat läsk (bakpulver)

5 ml/1 tsk mald kanel

2,5 ml/½ tesked mald kryddnejlika

1,5 ml/¼ tsk mald ingefära

En nypa salt

250 ml/8 ml oz/1 kopp kärnmjölk

Till såsen:
100 g/4 oz/½ kopp socker (mycket fint).

30 ml/2 msk majsmjöl (majsstärkelse)

En nypa salt

En nypa riven muskotnöt

250 ml/8 ml oz/1 kopp kokande vatten

15 g/½ oz/1 msk smör eller margarin

30 ml/2 msk citronsaft

2,5 ml/½ tesked fint rivet citronskal

Blanda samman socker, smör eller margarin och kyckling. Rör om äggvitorna. Blanda samman mjöl, bikarbonat av läsk, kryddor och salt. Rör ner mjölblandningen och kärnmjölken växelvis i smör- och sockerblandningen tills det är väl blandat. Häll upp i en smord och mjölad 20cm/8 kakform och grädda i en förvärmd ugn vid 200°C/400°F/gas 6 i 35 minuter tills ett spett som sticks in i mitten kommer ut rent. Låt svalna i pannan i 5 minuter innan du överför till ett galler för att avsluta kylningen. Kakan kan serveras kall eller varm.

För att göra såsen, kombinera socker, majsmjöl, salt, muskotnöt och vatten i en liten kastrull på låg värme och rör om tills det är väl blandat. Koka under omrörning tills blandningen är tjock och klar. Rör ner smöret eller margarinet och citronsaften och skalet och koka tills det blandas. Häll över pepparkakor till servering.

Kaffe pepparkakor

Gör en 20cm/8 tårta

200g/7oz/1¾ kopp självhöjande mjöl

10 ml/2 tsk mald ingefära

10 ml/2 msk snabbkaffebönor

100 ml/4 ml oz/½ kopp varmt vatten

100 g/4 oz/½ kopp smör eller margarin

75 g/3 oz/¼ kopp gyllene sirap (lätt majs).

50 g/2 oz/¼ kopp mjukt farinsocker

2 ägg, vispade

Blanda ihop mjöl och ingefära. Lös upp kaffet i varmt vatten. Smält margarin, sirap och socker tillsammans och rör sedan ner i de torra ingredienserna. Blanda kaffet och äggen. Häll i en smord och klädd 20 cm/8 form och grädda i en förvärmd ugn vid 180°C/350°F/gas 4 i 40–45 minuter tills de fått fin färg och fjädrar.

Tårta med ingefära grädde

Gör en 20cm/8 tårta

175 g/6 oz/¾ kopp smör eller margarin, mjukat

150 g/5 oz/2/3 kopp mjukt farinsocker

3 lätt uppvispade ägg

175 g/6 oz/1½ koppar självhöjande mjöl

15 ml/1 msk mald ingefära Till fyllningen:

150 ml/¼ pt/2/3 kopp dubbelkräm (tung).

15 ml/1 matsked pulveriserat (konfektyr) socker, siktat

5 ml/1 msk mald ingefära

Rör ihop smöret eller margarinet och sockret tills det blir ljust och pösigt. Tillsätt gradvis äggen, sedan mjölet och ingefäran och blanda väl. Placera två smorda och fodrade 20 cm/8 i smörgåsformar (pannor) och grädda i en ugn förvärmd till 180°C/350°F/gas 4 i 25 minuter tills de fått fin färg och elastiska vid beröring. Låt det svalna.

Vispa grädden med socker och ingefära tills den blir hård och använd den sedan för att sammanfoga kakorna.

Liverpool Gingerbread Cake

Gör en 20cm/8 tårta

100 g/4 oz/½ kopp smör eller margarin

100 g/4 oz/½ kopp demerara socker

30 ml/2 msk gyllene sirap (ljus majs).

225 g/8 oz/2 koppar vanligt (all-purpose) mjöl.

2,5 ml/½ tesked bikarbonatsoda (bakpulver)

10 ml/2 tsk mald ingefära

2 ägg, vispade

225 g/8 oz/11/3 koppar sultanas (russin)

50 g/2 oz/½ kopp kristalliserad (kanderad) ingefära, hackad

Smält smör eller margarin med socker och sirap på låg värme. Ta av från värmen och blanda i de torra ingredienserna och ägget och blanda väl. Rör ner sultanerna och ingefäran. Häll upp i en smord och klädd 20 cm/8 fyrkantig form (bricka) och grädda i en förvärmd ugn vid 150°C/300°F/gas 3 i 1½ timme tills den blir spänstig vid beröring. Kakan kan sjunka något i mitten. Låt svalna i pannan.

Havregryn pepparkakor

Gör en tårta 35 x 23 cm/14 x 9

225 g/8 oz/2 koppar fullkornsmjöl (helvete).

75 g/3 oz/¾ kopp havregryn

5 ml/1 tesked bikarbonat läsk (bakpulver)

5 ml/1 tsk grädde av tandsten

15 ml/1 msk mald ingefära

225 g/8 oz/1 kopp smör eller margarin

225 g/8 oz/1 kopp mjukt farinsocker

Blanda samman mjöl, havre, bikarbonat, grädde av tartar och ingefära i en skål. Gnid in smör eller margarin tills blandningen liknar ströbröd. Rör ner sockret. Tryck ut blandningen ordentligt i en smord 35 x 23 cm/14 x 9 form och grädda i en förvärmd ugn vid 160°C/325°F/gasmark 3 i 30 minuter tills den är gyllenbrun. Skär i rutor medan de fortfarande är varma och låt svalna helt i pannan.

Orange pepparkakor

Gör en 23cm/9 tårta

450 g/1 pund/4 koppar vanligt mjöl (allt för ändamål).

5 ml/1 tsk mald kanel

2,5 ml/½ tsk mald ingefära

2,5 ml/½ tesked bikarbonatsoda (bakpulver)

175 g/6 oz/2/3 kopp smör eller margarin

175 g/6 oz/2/3 kopp socker (mycket fint).

75 g/3 oz/½ kopp glace (sötad) apelsinskal, hackat

Rivet skal och saft från ½ stor apelsin

175 g/6 oz/½ kopp gyllene sirap (ljus majs), värmd

2 lätt uppvispade ägg

Lite mjölk

Blanda samman mjöl, kryddor och bakpulver och gnid sedan in smöret eller margarinet tills blandningen liknar ströbröd. Rör ner socker, apelsinskal och -skal och gör sedan en brunn i mitten. Rör i apelsinjuicen och den värmda sirapen, vispa sedan i äggen tills den är slät, tillsätt lite mjölk om det behövs. Vispa väl, häll sedan upp i en smord 23 cm/9 fyrkantig form (bricka) och grädda i en förvärmd ugn vid 160°C/325°F/gasmark 3 i 1 timme tills den är gyllenbrun och blir elastisk vid beröring.

Klibbiga pepparkakor

Gör en 25 cm/10 tårta

275 g/10 oz/2½ koppar vanligt mjöl (all-purpose)

10 ml/2 tsk mald kanel

5 ml/1 tesked bikarbonat läsk (bakpulver)

100 g/4 oz/½ kopp smör eller margarin

175 g/6 oz/½ kopp gyllene sirap (lätt majs).

175 g/6 oz/½ kopp blackstrap melass

100 g/4 oz/½ kopp mjukt farinsocker

2 ägg, vispade

150 ml/¼ pt/2/3 kopp varmt vatten

Blanda samman mjöl, kanel och bikarbonat. Smält smöret eller margarinet med sirap, sirap och socker och häll i de torra ingredienserna. Tillsätt ägg och vatten och blanda väl. Häll i en smord och klädd 25cm/10 form (bricka). Grädda i en förvärmd ugn på 180°C/350°F/gas 4 i 40–45 minuter tills de fått fin färg och är spänstiga vid beröring.

Integral Gingerbreak

Gör en 18cm/7 tårta

100 g/4 oz/1 kopp vanligt mjöl (allt för ändamål).

100 g/4 oz/1 kopp fullkornsmjöl (helvete).

50 g/2 oz/¼ kopp mjukt farinsocker

50 g/2 oz/1/3 kopp sultanor (russin)

10 ml/2 tsk mald ingefära

5 ml/1 tsk mald kanel

5 ml/1 tesked bikarbonat läsk (bakpulver)

En nypa salt

100 g/4 oz/½ kopp smör eller margarin

30 ml/2 msk gyllene sirap (ljus majs).

30 ml/2 msk svart (melass)

1 lätt uppvispat ägg

150 ml/¼ pt/2/3 kopp mjölk

Blanda ihop de torra ingredienserna. Smält smöret eller margarinet med sirapen och sirapen och blanda ner dem i de torra ingredienserna med ägget och mjölken. Häll upp i en smord och klädd 18 cm/7 form och grädda i en förvärmd ugn vid 160°C/325°F/gas 3 i 1 timme tills den blir spänstig vid beröring.

Honung och mandelkaka

Gör en 20cm/8 tårta

250 g/9 oz morötter, strimlade

65 g/2½ oz mandel, finhackad

2 ägg

100 g/4 oz/1/3 kopp ren honung

60 ml/4 msk olja

150 ml/¼ pt/2/3 kopp mjölk

100 g/4 oz/1 kopp fullkornsmjöl (helvete).

25 g/1 oz/¼ kopp vanligt mjöl (alltså).

10 ml/2 tsk mald kanel

2,5 ml/½ tesked bikarbonatsoda (bakpulver)

En nypa salt

Citron Glace Cream

Några strimlade (hackade) mandel till garnering

Blanda ihop morötter och valnötter. Vispa äggen i en separat skål och blanda sedan i honung, olja och mjölk. Blanda i morötter och valnötter, tillsätt sedan de torra ingredienserna. Häll upp i en smord och klädd 20 cm/8 kakform (kakform) och grädda i en förvärmd ugn vid 150°C/300°F/gas 2 i 1–1¼ timme tills den stelnat, bryn väl och blir elastisk vid beröring. Låt svalna i pannan innan du kastar. Ringla över lemon curd och garnera sedan med strimlad mandel.

Citron Iced Cake

Gör en 18cm/7 tårta

100 g/4 oz/½ kopp smör eller margarin, uppmjukat

100 g/4 oz/½ kopp socker (mycket fint).

2 ägg

100 g/4 oz/1 kopp vanligt mjöl (allt för ändamål).

50 g/2 oz/½ kopp malet ris

2,5 ml/½ tesked bakpulver

Rivet skal och saft av 1 citron

100 g/4 oz/2/3 kopp pulveriserat (konfektyr) socker, siktat

Rör ihop smöret eller margarinet och sockret tills det blir ljust och pösigt. Blanda i äggen ett i taget, vispa ordentligt efter varje tillsats. Blanda mjöl, malet ris, bakpulver och citronskal och vänd sedan ner i blandningen. Häll upp i en smord och klädd 18 cm/7 form och grädda i en förvärmd ugn vid 180°C/350°F/gas 4 i 1 timme tills den blir spänstig vid beröring. Ta bort den från pannan och låt den svalna.

Blanda ihop strösockret med lite citronsaft tills det är slätt. Skeda över kakan och låt stå.

Iced Tea Ring

Serverar 4–6

150 ml/¼ pt/2/3 kopp varm mjölk

2,5 ml/½ tsk torrjäst

25 g/1 oz/2 msk socker (superfint).

25 g/1 oz/2 msk smör eller margarin

225 g/8 oz/2 koppar universalmjöl (bröd).

1 uppvispat ägg Till fyllningen:

50 g/2 oz/¼ kopp smör eller margarin, mjukat

50 g/2 oz/¼ kopp mald mandel

50 g/2 oz/¼ kopp mjukt farinsocker

För toppen:
100 g/4 oz/2/3 kopp pulveriserat (konfektyr) socker, siktat

15 ml/1 matsked varmt vatten

30 ml/2 msk strimlad (hackad) mandel.

Häll mjölken över jästen och sockret och blanda ihop. Låt stå på en varm plats tills den skummar. Gnid in smöret eller margarinet i mjölet. Häll i jäst- och äggblandningen och vispa väl. Täck skålen med oljad plastfolie (plastfolie) och låt stå på en varm plats i 1 timme. Knåda igen och forma sedan till en rektangel ca 30 x 23 cm/12 x 9 tum. Bred ut degen med smör eller margarin till fyllningen och strö över malen mandel och socker. Rulla ihop till en lång korv och forma en ring, täta kanterna med lite vatten. Skär två tredjedelar av rullen i ca 1½/3 cm intervaller och lägg på en smord plåt. Låt stå på en varm plats i 20 minuter. Grädda i en förvärmd ugn vid 200°C/425°F/gas 7 i 15 minuter.

Blanda under tiden ihop florsocker och vatten till en glasyr. När den svalnat, bred över kakan och dekorera med mald mandel.

Lardy tårta

Gör en tårta 23 x 18 cm/9 x 7

15 g/½ oz färsk jäst eller 20 ml/4 msk torrjäst

5 ml/1 tsk socker (mycket fint).

300 ml/½ pt/1¼ kopp varmt vatten

150 g/5 oz/2/3 kopp ister (förkortning)

450 g/1 lb/4 koppar universalmjöl (bröd).

En nypa salt

100 g/4 oz/2/3 kopp sultanor (russin)

100 g/4 oz/2/3 kopp ren honung

Blanda jästen med sockret och lite av det varma vattnet och låt stå på en varm plats i 20 minuter tills det skummar.

Gnid in 25 g/1 oz/2 msk fett i mjölet och saltet och gör en brunn i mitten. Häll i jästblandningen och det återstående varma vattnet och blanda till en hård deg. Knåda tills den är slät och elastisk. Lägg i en oljad skål, täck med oljad plastfolie (plastfolie) och låt stå på en varm plats i ca 1 timme tills den är dubbelt så stor.

Tärna resterande schalottenlök. Knåda degen igen och kavla sedan ut till en rektangel ca 35 x 23 cm/14 x 9 tum. Täck de översta två tredjedelarna av degen med en tredjedel av fettet, en tredjedel av sultanerna och en fjärdedel av honungen. Vik den vanliga tredjedelen av degen över fyllningen och vik sedan den översta tredjedelen ner över den. Pressa ihop kanterna för att täta, vänd sedan degen ett kvarts varv så att vecket är åt vänster. Öppna den och upprepa processen två gånger till för att använda alla hallen och sultanerna. Lägg på en smord plåt och skär ett korsmönster ovanpå med en kniv. Täck över och låt stå på en varm plats i 40 minuter.

Grädda i en förvärmd ugn vid 220°C/425°F/gas 7 i 40 minuter. Ringla över den återstående honungen och låt svalna.

Kumminfrökaka

Gör en tårta 23 x 18 cm/9 x 7

450g/1lb grundläggande vit bröddeg

175 g/6 oz/¾ kopp ister (förkortning), tärnad

175 g/6 oz/¾ kopp socker (mycket fint).

15 ml/1 matsked spiskummin

Förbered degen och kavla sedan ut på en lätt mjölad yta till en rektangel ca 35 x 23 cm/14 x 9 tum. Måla de översta två tredjedelarna av degen med hälften av matfettet och hälften av sockret, vik sedan den vanliga tredjedelen av degen över och vik den översta tredjedelen ner över den. Lämna degen ett kvarts varv så att vecket är åt vänster, vik sedan ut igen och strö på samma sätt över resterande fett och socker och kummin. Vik om den igen, forma den sedan så att den passar en form (panna) och riv toppen till diamantformer. Täck med oljad plastfolie (plastfolie) och låt stå på en varm plats i ca 30 minuter tills den har dubbelt så stor storlek.

Grädda i en förvärmd ugn vid 200°C/400°F/gas 6 i 1 timme. Låt svalna i pannan i 15 minuter så att fettet kan tränga in i degen, vänd sedan upp på ett galler för att svalna helt.

Marmorkaka

Gör en 20cm/8 tårta

175 g/6 oz/¾ kopp smör eller margarin, mjukat

175 g/6 oz/¾ kopp socker (mycket fint).

3 lätt uppvispade ägg

225 g/8 oz/2 koppar självhöjande mjöl

Några droppar mandelessens (extrakt)

Några droppar grön matfärg

Några droppar röd matfärg

Rör ihop smöret eller margarinet och sockret tills det blir ljust och pösigt. Vispa gradvis i äggen och häll sedan i mjölet. Dela blandningen i tre. Tillsätt mandelessensen till en tredjedel, den gröna matfärgen till en tredjedel och den röda matfärgen till den återstående tredjedelen. Häll generösa skedar av de tre blandningarna växelvis i en smord och klädd 20 cm/8 kakform och grädda i en förvärmd ugn vid 180°C/350°F/gasmark 4 i 45 minuter tills de är väl genomstekt och elastisk. beröringen.

Lincolnshire lagertårta

Gör en 20cm/8 tårta

175 g/6 oz/¾ kopp smör eller margarin

350 g/12 oz/3 koppar vanligt (all-purpose) mjöl.

En nypa salt

150 ml/¼ pt/2/3 kopp mjölk

15 ml/1 sked torrjäst Till fyllningen:

225 g/8 oz/11/3 koppar sultanas (russin)

225 g/8 oz/1 kopp mjukt farinsocker

25 g/1 oz/2 msk smör eller margarin

2,5 ml/½ msk malda kryddor

1 delat ägg

Gnid in hälften av smöret eller margarinet i mjölet och saltet tills blandningen liknar ströbröd. Värm resterande smör eller margarin med mjölken tills det är varmt för hand, blanda sedan i jästen lite. Blanda ner jästblandningen och resterande mjölk och smör i mjölblandningen och knåda till en mjuk deg. Lägg i en oljad skål, täck över och låt stå på en varm plats i ca 1 timme tills den har dubbelt så stor storlek. Lägg under tiden alla fyllningsingredienser utom äggvitan i en panna på en långsam eld och låt den stå tills den smält.

Kavla ut en fjärdedel av degen till en 20 cm/8 cirkel och bred ut med en tredjedel av fyllningen. Upprepa med resterande mängder deg och fyllning, fyll med en degcirkel. Pensla kanterna med äggvita och förslut dem. Grädda i en förvärmd ugn vid 190°C/375°F/gas 5 i 20 minuter. Pensla toppen med äggvita och sätt tillbaka den i ugnen i ytterligare 30 minuter tills den är gyllene.

Tårta med bröd

Gör en 900g/2lb kaka

175 g/6 oz/¾ kopp smör eller margarin, mjukat

275 g/10 oz/1¼ koppar socker (mycket fint).

Rivet skal och saft av ½ citron

120 ml/4 ml oz/½ kopp mjölk

275 g/10 oz/2¼ koppar självhöjande mjöl

5 ml/1 sked salt

5 ml/1 tsk bakpulver

3 ägg

Florsocker (konfektyr), siktat, för att pudra

Rör ihop smör eller margarin, socker och citronskal tills det blir ljust och pösigt. Häll i citronsaft och mjölk, blanda sedan i mjöl, salt och bakpulver och blanda till en slät smet. Tillsätt gradvis äggen, vispa ordentligt efter varje tillsats. Häll upp blandningen i en smord och fodrad 900g/2lb-form (bricka) och grädda i en förvärmd ugn vid 150°F/300°F/gasmark 2 i 1¼ timme tills den blir spänstig. Låt svalna i formen i 10 minuter innan du vänder ut den för att avsluta kylningen på galler. Servera strö över strösocker.

Tårta med marmelad

Gör en 18cm/7 tårta

175 g/6 oz/¾ kopp smör eller margarin, mjukat

175 g/6 oz/¾ kopp socker (mycket fint).

3 ägg, separerade

300g/10oz/2½ koppar självhöjande mjöl

45 ml/3 msk tjock marmelad

50 g/2 oz/1/3 kopp hackat blandat (kanderat) skal

Rivet skal av 1 apelsin

45 ml/3 msk vatten

För grädden (brica):
100 g/4 oz/2/3 kopp pulveriserat (konfektyr) socker, siktat

Saft av 1 apelsin

Några skivor kristalliserad (kanderad) apelsin.

Rör ihop smöret eller margarinet och sockret tills det blir ljust och pösigt. Vispa gradvis i äggulorna och sedan 15 ml/1 msk mjöl. Rör ner marmelad, blandat skal, apelsinskal och vatten och tillsätt sedan resten av mjölet. Vispa äggvitorna tills de blir styva och vänd sedan ner i blandningen med en metallsked. Häll upp i en smord och klädd 18cm/7 form och grädda i en förvärmd ugn vid 180°C/350°F/gasmark 4 i 1¼ timme tills den är väl jäst och fjädrande vid beröring. Låt svalna i pannan i 5 minuter, vänd sedan ut på ett galler för att avsluta kylningen.

För att göra grädden, lägg florsockret i en skål och gör en brunn i mitten. Arbeta gradvis i tillräckligt med apelsinjuice för att ge en bredande konsistens. Skeda över toppen av kakan och ner på sidorna och låt stå. Garnera med kristalliserade apelsinskivor.

Vallmofrökaka

Gör en 20cm/8 tårta

250 ml/8 ml oz/1 kopp mjölk

100 g/4 oz/1 kopp vallmofrön

225 g/8 oz/1 kopp smör eller margarin, uppmjukat

225 g/8 oz/1 kopp mjukt farinsocker

3 ägg, separerade

100 g/4 oz/1 kopp vanligt mjöl (allt för ändamål).

100 g/4 oz/1 kopp fullkornsmjöl (helvete).

5 ml/1 tsk bakpulver

Koka upp mjölken i en liten kastrull med vallmofrön, ta sedan av värmen, täck över och låt dra i 30 minuter. Rör ihop smöret eller margarinet och sockret tills det blir ljust och pösigt. Vispa gradvis i äggulorna och tillsätt sedan mjölet och bakpulvret. Rör ner vallmofrön och mjölk. Vispa äggvitorna tills de blir styva och vänd sedan ner i blandningen med en metallsked. Häll upp i en smord och fodrad 20 cm/8 form och grädda i en förvärmd ugn vid 180°C/350°F/gas 4 i 1 timme tills ett spett som sticks in i mitten kommer ut rent. Låt svalna i formen i 10 minuter innan du vänder ut den för att avsluta kylningen på galler.

Vanlig yoghurtkaka

Gör en 23cm/9 tårta

150 g/5 oz vanlig yoghurt

150 ml/¼ pt/2/3 kopp olja

225 g/8 oz/1 kopp socker (mycket fint).

225 g/8 oz/2 koppar självhöjande mjöl

10 ml/2 tsk bakpulver

2 ägg, vispade

Blanda alla ingredienser till en jämn smet och häll sedan upp i en smord och fodrad 23 cm/9 form (bricka). Grädda i en förvärmd ugn vid 160°C/325°F/gas 3 i 1¼ timme tills den stelnar. Låt svalna i pannan.

Tårta med katrinplommon och grädde

Gör en 23cm/9 tårta

För fyllningen:

150 g/5 oz/2/3 kopp katrinplommon (stenade), grovt hackade

120 ml/4 ml oz/½ kopp apelsinjuice

50 g/2 oz/¼ kopp socker (mycket fint).

30 ml/2 msk majsmjöl (majsstärkelse)

175 ml/6 ml oz/¾ kopp mjölk

2 äggulor

Finrivet skal av 1 apelsin

Till tårtan:

175 g/6 oz/¾ kopp smör eller margarin, mjukat

225 g/8 oz/1 kopp socker (mycket fint).

3 lätt uppvispade ägg

200g/7oz/1¾ kopp vanligt (all-purpose) mjöl.

10 ml/2 tsk bakpulver

2,5 ml/½ tsk mald muskotnöt

75 ml/5 msk apelsinjuice

Gör först fyllningen. Blötlägg katrinplommon i apelsinjuice i minst två timmar. Blanda sockret och majsmjölet till en massa med lite mjölk. Koka upp resten av mjölken i en kastrull. Häll över sockret och majsmjölet och blanda väl, återgå sedan till den sköljda pannan och vispa i äggulorna. Tillsätt apelsinskalet och rör om på mycket låg värme tills det tjocknar, men låt inte grädden koka upp. Lägg kastrullen i en skål med kallt vatten och rör om grädden då och då när den svalnar.

För att göra kakan, grädda smöret eller margarinet och sockret tills det är mjukt och fluffigt. Vispa gradvis i äggen och tillsätt sedan mjöl, bakpulver och muskot omväxlande med apelsinjuicen. Häll hälften av smeten i en smord 23cm/9 kakform, bred sedan ut krämen över toppen, lämna en lucka runt kanten. Skeda katrinplommon och blötläggningsvätskan över grädden, täck sedan med den återstående kakblandningen, se till att kakmixen är omsluten av fyllningen på sidorna och fyllningen är helt täckt. Grädda i en förvärmd ugn vid 200°C/400°F/gas 6 i 35 minuter tills den är gyllenbrun och krymper från pannans sidor. Låt svalna i pannan innan du kastar.

Hallonvåffelkaka med chokladgrädde

Gör en 20cm/8 tårta

175 g/6 oz/¾ kopp smör eller margarin, mjukat

175 g/6 oz/¾ kopp socker (mycket fint).

3 lätt uppvispade ägg

225 g/8 oz/2 koppar självhöjande mjöl

100 g/4 oz hallon För grädde (bruce) och dekoration:

Vit choklad smörkräm

100 g/4 oz/1 kopp vanlig (halvsöt) choklad.

Rör ihop smöret eller margarinet och sockret tills det blir ljust och pösigt. Vispa gradvis i äggen och häll sedan i mjölet. Purea hallonen och gnugga dem sedan genom en sil (durkslag) för att ta bort fröna. Vi blandar purén i kakblandningen, så att den marmorerar i massan och inte blandas. Häll upp i en smord och fodrad 20 cm/8 i form (bricka) och grädda i en förvärmd ugn vid 180°C/350°F/gasmarkering 4 i 45 minuter tills den är väl jäst och elastisk vid beröring. Överför till ett galler för att svalna.

Bred kakan med smörkrämen och rugga upp ytan med en gaffel. Smält chokladen i en värmesäker skål över en kastrull med lätt sjudande vatten. Bred ut på ett bakplåtspapper (kaka) och låt stå tills det nästan är genomstekt. Gnid toppen av en vass kniv genom chokladen för att göra lockar. Använd för att dekorera toppen av tårtan.

Sandkaka

Gör en 20cm/8 tårta

75 g/3 oz/1/3 kopp smör eller margarin, mjukat

75 g/3 oz/1/3 kopp socker (mycket fint).

2 lätt uppvispade ägg

100 g/4 oz/1 kopp majsmjöl (majsstärkelse)

25 g/1 oz/¼ kopp vanligt mjöl (alltså).

5 ml/1 tsk bakpulver

50 g/2 oz/½ kopp hackade blandade nötter

Rör ihop smöret eller margarinet och sockret tills det blir ljust och pösigt. Vispa gradvis i äggen och tillsätt sedan majsmjöl, mjöl och bakpulver. Häll blandningen i en smord 20 cm/8 fyrkantig form (panna) och strö över hackade valnötter. Grädda i en förvärmd ugn vid 180°C/350°F/gas 4 i 1 timme tills den är spänstig.

Frökaka

Gör en 18cm/7 tårta

100 g/4 oz/½ kopp smör eller margarin, uppmjukat

100 g/4 oz/½ kopp socker (mycket fint).

2 lätt uppvispade ägg

225 g/8 oz/2 koppar vanligt (all-purpose) mjöl.

25 g/1 oz/¼ kopp kumminfrön

5 ml/1 tsk bakpulver

En nypa salt

45 ml/3 matskedar mjölk

Rör ihop smöret eller margarinet och sockret tills det blir ljust och pösigt. Vispa gradvis i äggen och vänd sedan ner mjöl, kummin, bakpulver och salt. Rör ner tillräckligt med mjölk för att få en duggig konsistens. Häll upp i en smord och fodrad 18 cm/7 kakform (bricka) och grädda i en förvärmd ugn vid 200°C/400°F/gas 6 i 1 timme tills den blir fjädrande vid beröring och börjar krympa från sidorna. av tenn.

Kryddringstårta

Gör en 23cm/9 ring

1 äpple, skalat, urkärnat och hackat

30 ml/2 msk citronsaft

25 g/8 oz/1 kopp mjukt farinsocker

5 ml/1 msk mald ingefära

5 ml/1 tsk mald kanel

2,5 ml/½ tsk mald blandad krydda (äppelpaj).

225 g/8 oz/2/3 kopp gyllene sirap (lätt majs).

250 ml/8 ml oz/1 kopp olja

10 ml/2 tsk bakpulver

400 g/14 oz/3½ koppar vanligt mjöl (all-purpose)

10 ml/2 tsk bikarbonatsoda (bakpulver)

250 ml/8 ml oz/1 kopp starkt varmt te

1 uppvispat ägg

Florsocker (konfektyr), siktat, för att pudra

Blanda ihop äpple och citronsaft. Tillsätt socker och kryddor, sedan sirap och olja. Tillsätt bakpulvret till mjölet och bikarbonatet i det varma teet. Rör ner dessa växelvis i blandningen, rör sedan ner ägget. Häll upp i en smord och klädd 23 cm/9 djup ringform (bakform) och grädda i en förvärmd ugn vid 180°C/350°F/gasmärke 4 i 1 timme tills stelnat blir elastiskt vid beröring. Låt svalna i pannan i 10 minuter, vänd sedan upp på ett galler för att avsluta kylningen. Servera strö över strösocker.

Kryddig lagertårta

Gör en 23cm/9 tårta

100 g/4 oz/½ kopp smör eller margarin, uppmjukat

100 g/4 oz/½ kopp strösocker

100 g/4 oz/½ kopp mjukt farinsocker

2 ägg, vispade

175 g/6 oz/1½ koppar vanligt (all-purpose) mjöl.

5 ml/1 tsk bakpulver

5 ml/1 tsk mald kanel

2,5 ml/½ tesked bikarbonatsoda (bakpulver)

2,5 ml/½ tsk mald blandad krydda (äppelpaj).

En nypa salt

200 ml/7 ml oz/ knappa 1 kopp konserverad evaporerad mjölk

Citronsmörkräm

Rör ihop smöret eller margarinet och sockret tills det blir ljust och fluffigt. Vispa gradvis i äggen, tillsätt sedan de torra ingredienserna och den indunstade mjölken och blanda tills det är slätt. Häll i två smorda och klädda 23 cm/9 kakformar (formar) och grädda i en förvärmd ugn vid 180°C/350°F/gasmark 4 i 30 minuter tills de är fasta vid beröring. Låt svalna och bred sedan citronsmörkrämen på mackan.

Socker- och kanelkaka

Gör en 23cm/9 tårta

175 g/6 oz/1½ koppar självhöjande mjöl

10 ml/2 tsk bakpulver

En nypa salt

175 g/6 oz/¾ kopp socker (mycket fint).

50 g/2 oz/¼ kopp smör eller margarin, smält

1 lätt uppvispat ägg

120 ml/4 ml oz/½ kopp mjölk

2,5 ml/½ tsk vaniljessens (extrakt)

För toppen:
50 g/2 oz/¼ kopp smör eller margarin, smält

50 g/2 oz/¼ kopp mjukt farinsocker

2,5 ml/½ tesked mald kanel

Vispa ihop alla ingredienser till tårtan tills den är slät och väl blandad. Häll upp i en smord 23cm/9 form (bricka) och grädda i en förvärmd ugn vid 180°C/350°F/gasmark 4 i 25 minuter tills de är gyllene. Bred ut den varma kakan med smör. Blanda socker och kanel och strö över. Sätt tillbaka kakan i ugnen i ytterligare 5 minuter.

Viktoriansk tekaka

Gör en 20cm/8 tårta

225 g/8 oz/1 kopp smör eller margarin, uppmjukat

225 g/8 oz/1 kopp socker (mycket fint).

225 g/8 oz/2 koppar självhöjande mjöl

25 g/1 oz/¼ kopp majsmjöl (majsstärkelse)

30 ml/2 matskedar spiskummin

5 delade ägg

Strösocker att strö över

Rör ihop smöret eller margarinet och sockret tills det blir ljust och pösigt. Sikta i mjöl, majsmjöl och spiskummin. Vispa äggulorna och blanda dem sedan i blandningen. Vispa äggvitorna tills de blir styva, vänd sedan försiktigt ner dem i blandningen med en metallsked. Häll upp i en smord och klädd 20 cm/8 form (bricka) och strö över socker. Grädda i en förvärmd ugn vid 180°C/350°F/gasmarkering 4 i 1½ timme tills de är gyllenbruna och börjar krympa från pannans sidor.

Allt-i-ett fruktkaka

Gör en 20cm/8 tårta

175 g/6 oz/¾ kopp smör eller margarin, mjukat

175 g/6 oz/¾ kopp mjukt farinsocker

3 ägg

15 ml/1 msk gyllene sirap (ljus majs).

100 g/4 oz/½ kopp glace körsbär (kanderade).

100 g/4 oz/2/3 kopp sultanor (russin)

100 g/4 oz/2/3 kopp russin

225 g/8 oz/2 koppar självhöjande mjöl

10 ml/2 msk mald blandad krydda (äppelpaj).

Lägg alla ingredienser i en skål och vispa ihop tills de är väl blandade eller bearbeta i en matberedare. Häll upp i en smord och klädd 20 cm/8 kakform (tårta) och grädda i en förvärmd ugn på 160°C/325°F/gas 3 i 1½ timme tills ett spett som sticks in i mitten kommer ut rent. Låt stå i pannan i 5 minuter och överför sedan till ett galler för att avsluta kylningen.

Allt-i-ett fruktkaka

Gör en 20cm/8 tårta

350 g/12 oz/2 koppar blandad torkad frukt (fruktkakamix)

100 g/4 oz/½ kopp smör eller margarin

100 g/4 oz/½ kopp mjukt farinsocker

150 ml/¼ pt/2/3 kopp vatten

2 stora ägg, vispade

225 g/8 oz/2 koppar självhöjande mjöl

5 ml/1 tsk mald blandad krydda (äppelpaj).

Lägg frukt, smör eller margarin, socker och vatten i en kastrull, låt koka upp och låt sjuda försiktigt i 15 minuter. Låt det svalna. Häll i skedar ägg växelvis med mjöl och blandad krydda och blanda väl. Häll upp i en smord 20 cm/8 form (bricka) och grädda i en förvärmd ugn vid 140°C/275°F/gasmark 1 i 1–1½ timme tills ett spett som sticks in i mitten kommer ut rent.

Australisk fruktkaka

Gör en 900g/2lb kaka

100 g/4 oz/½ kopp smör eller margarin

225 g/8 oz/1 kopp mjukt farinsocker

250 ml/8 ml oz/1 kopp vatten

350 g/12 oz/2 koppar blandad torkad frukt (fruktkakamix)

5 ml/1 tesked bikarbonat läsk (bakpulver)

10 ml/2 msk mald blandad krydda (äppelpaj).

5 ml/1 msk mald ingefära

100 g/4 oz/1 kopp självhöjande mjöl

100 g/4 oz/1 kopp vanligt mjöl (allt för ändamål).

1 uppvispat ägg

Koka upp alla ingredienser utom mjöl och ägg i en kastrull. Ta bort den från värmen och låt den svalna. Blanda mjöl och ägg. Placera blandningen i en smord och fodrad 900g/2lb form (bricka) och grädda i en förvärmd ugn vid 160°C/325°F/gas 3 i 1 timme tills den är ordentligt stel och ett spett i mitten. ute rent.

Rik amerikansk tårta

Gör en 25 cm/10 tårta

225 g/8 oz/11/3 koppar russin

100 g/4 oz/1 kopp blancherad mandel

15 ml/1 matsked apelsinblomvatten

45 ml/3 msk torr sherry

1 stor äggula

2 ägg

350 g/12 oz/1½ koppar smör eller margarin, uppmjukat

175 g/6 oz/¾ kopp socker (mycket fint).

En nypa mald muskulatur

En nypa mald kanel

En nypa mald kryddnejlika

En nypa mald ingefära

En nypa riven muskotnöt

30 ml/2 matskedar konjak

225 g/8 oz/2 koppar vanligt (all-purpose) mjöl.

50 g/2 oz/½ kopp hackat blandat (kanderat) skal

Blötlägg vinbär i varmt vatten i 15 minuter och låt sedan rinna av väl. Mal mandeln med apelsinblomsvattnet och 15 ml/1 tsk sherry tills det är fint. Vispa ihop äggula och ägg. Rör ihop smöret eller margarinet och sockret, rör sedan ner mandelblandningen och äggen och vispa tills det är blekt och tjockt. Tillsätt kryddorna, resterande sherry och konjak. Sikta i mjölet, rör sedan ner russin och blandat skal. Häll upp i en smord 25 cm/10 kakform och grädda i en förvärmd ugn vid 180°C/350°F/gas 4 i ca 1 timme tills ett spett som sticks in i mitten kommer ut rent.

Carob fruktkaka

Gör en 18cm/7 tårta

450 g/1 pund/2 2/3 koppar russin

300 ml/½ pt/1¼ kopp apelsinjuice

175 g/6 oz/¾ kopp smör eller margarin, mjukat

3 lätt uppvispade ägg

225 g/8 oz/2 koppar vanligt (all-purpose) mjöl.

75 g/3 oz/¾ kopp johannesbrödpulver

10 ml/2 tsk bakpulver

Rivet skal av 2 apelsiner

50 g/2 oz/½ kopp valnötter, hackade

Blötlägg russin i apelsinjuice över natten. Blanda smöret eller margarinet och äggen till en jämn smet. Rör gradvis ner russin och apelsinjuice och resten av ingredienserna. Häll upp i en smord och fodrad 18 cm/7 form och grädda i en ugn förvärmd till 180°C/350°F/gasmarkering 4 i 30 minuter, sänk sedan ugnstemperaturen till 160 °C/325°F/325°F/gasmarkering 3 för ytterligare 1¼ timme tills ett spett som sticks in i mitten kommer ut rent. Låt svalna i formen i 10 minuter innan du vänder ut på galler för att avsluta kylningen.

Fruktkaka med kaffe

Gör en 25 cm/10 tårta

450 g/1 pund/2 koppar socker (mycket fint).

450 g/1 pund/2 koppar stenade dadlar, hackade

450 g/1 pund/22/3 koppar russin

450 g/1 pund/22/3 koppar sultanas (russin)

100 g/4 oz/½ kopp körsbär (kanderade), hackade

100 g/4 oz/1 kopp hackade blandade nötter

450 ml/¾ pt/2 koppar starkt svart kaffe

120 ml/4 ml oz/½ kopp olja

100 g/4 oz/1/3 kopp gyllene sirap (lätt majs).

10 ml/2 tsk mald kanel

5 ml/1 sked mald muskotnöt

En nypa salt

10 ml/2 tsk bikarbonatsoda (bakpulver)

15 ml/1 matsked vatten

2 lätt uppvispade ägg

450 g/1 pund/4 koppar vanligt mjöl (allt för ändamål).

120 ml/4 ml oz/½ kopp sherry eller konjak

Koka upp alla ingredienser utom bikarbonat av läsk, vatten, ägg, mjöl och sherry eller konjak i en tjockpanna. Sjud i 5 minuter under konstant omrörning, ta sedan bort från värmen och låt svalna.

Blanda bikarbonat med vatten och tillsätt fruktblandningen med ägg och mjöl. Häll upp i en smord och fodrad 25 cm/10 form (bricka) och klä ett dubbelt lager smörpapper (vaxat) på utsidan för att vila över formen. Grädda i en förvärmd ugn vid 160°C/325°F/gas 3 i 1 timme. Sänk ugnstemperaturen till 150°C/300°F/gas 2 och grädda i ytterligare 1 timme. Sänk ugnstemperaturen till 140°C/275°F/gasmärke 1 och grädda i en tredjedel av en timme. Sänk ugnstemperaturen igen till 120°C/250°F/gasmark ½ och grädda i en sista timme, täck kakans ovansida med smörfast (vaxat) papper om den börjar bryna för mycket. När den är tillagad,

Tung Cornish Cake

Gör en 900g/2lb kaka

350 g/12 oz/3 koppar vanligt (all-purpose) mjöl.

2,5 ml/½ tsk salt

175 g/6 oz/¾ kopp ister (förkortning)

75 g/3 oz/1/3 kopp socker (mycket fint).

175 g/6 oz/1 kopp russin

Lite blandat (kanderat) skal, hackat (valfritt)

Cirka 150 ml/¼ pt/2/3 kopp blandad mjölk och vatten

1 uppvispat ägg

Häll mjöl och salt i en skål och gnid sedan in ister tills blandningen liknar ströbröd. Blanda i resterande torra ingredienser. Tillsätt gradvis tillräckligt med mjölk och vatten för att göra en hård deg. Det tar inte lång tid. Kavla ut på en smord bakplåt (kaka) ca 1 cm/½ tjock. Glasera med uppvispade ägg. Rita ett korsmönster ovanpå med spetsen på en kniv. Grädda i en förvärmd ugn på 160°C/325°F/gas 3 i cirka 20 minuter tills de är gyllene. Låt svalna och skär sedan i rutor.

Vinbärstårta

Gör en 23cm/9 tårta

225 g/8 oz/1 kopp smör eller margarin

300g/11oz/1½ koppar socker (mycket fint).

En nypa salt

100 ml/3½ floz/6½ msk kokande vatten

3 ägg

400 g/14 oz/3½ koppar vanligt mjöl (all-purpose)

175 g/6 oz/1 kopp russin

50 g/2 oz/½ kopp hackat blandat (kanderat) skal

100 ml/3½ floz/6½ msk kallt vatten

15 ml/1 matsked bakpulver

Häll smör eller margarin, socker och salt i en skål, häll över kokande vatten och låt stå tills det mjuknat. Vispa snabbt tills det är lätt och krämigt. Tillsätt äggen gradvis, blanda sedan i mjöl, russin och blandat skal omväxlande med det kalla vattnet. Blanda i bakpulvret. Häll smeten i en smord 23cm/9 kakform (tårta) och grädda i en förvärmd ugn vid 180°C/350°F/gasmark 4 i 30 minuter. Sänk ugnstemperaturen till 150°C/300°F/gasmärke 2 och grädda i ytterligare 40 minuter tills ett spett som sticks in i mitten kommer ut rent. Låt svalna i formen i 10 minuter innan du vänder ut den för att avsluta kylningen på galler.

Mörk fruktkaka

Gör en 25 cm/10 tårta

225 g/8 oz/1 kopp blandad glace (kanderad) frukt, hackad

350 g/12 oz/2 koppar stenade dadlar, hackade

225 g/8 oz/11/3 koppar russin

225 g/8 oz/1 kopp körsbär (kanderade), hackade

100 g/4 oz/½ kopp glace (sötad) ananas, hackad

100 g/4 oz/1 kopp hackade blandade nötter

225 g/8 oz/2 koppar vanligt (all-purpose) mjöl.

5 ml/1 tesked bikarbonat läsk (bakpulver)

5 ml/1 tsk mald kanel

2,5 ml/½ msk kryddor

1,5 ml/¼ tesked mald kryddnejlika

1,5 ml/¼ tsk salt

225 g/8 oz/1 kopp ister (förkortning)

225 g/8 oz/1 kopp mjukt farinsocker

3 ägg

175 g/6 oz/½ kopp blackstrap melass

2,5 ml/½ tsk vaniljessens (extrakt)

120 ml/4 ml oz/½ kopp kärnmjölk

Blanda frukt och nötter tillsammans. Sikta samman mjöl, bikarbonat av läsk, kryddor och salt och rör ner 50 g/2 oz/½ kopp i frukten. Rör ihop matfettet och sockret tills det blir ljust och fluffigt. Tillsätt gradvis äggen, vispa ordentligt efter varje tillsats. Blanda i essensen och vanilj. Blanda kärnmjölken växelvis med resten av mjölblandningen och vispa tills det är slätt. Blanda frukterna. Häll upp i en smord och klädd 25 cm/10 kakform (tårta) och grädda i en förvärmd ugn vid 140°C/275°F/Gas 1 i 2½ timme tills ett spett i mitten kommer ut rent. Låt svalna i pannan i 10 minuter, vänd sedan upp på ett galler för att avsluta kylningen.

Skär-och-kom-igen tårta

Gör en 20cm/8 tårta

275 g/10 oz/1 2/3 koppar blandad torkad frukt (fruktkakamix)

100 g/4 oz/½ kopp smör eller margarin

150 ml/¼ pt/2/3 kopp vatten

1 uppvispat ägg

225 g/8 oz/2 koppar vanligt (all-purpose) mjöl.

En nypa salt

100 g/4 oz/½ kopp socker (mycket fint).

Lägg frukten, smöret eller margarinet och vattnet i en kastrull och låt koka i 20 minuter. Låt det svalna. Tillsätt ägget och blanda sedan gradvis i mjöl, salt och socker. Häll upp i en smord 20 cm/8 form (bricka) och grädda i en förvärmd ugn vid 160°C/325°F/gasmark 3 i 1¼ timme tills ett spett som sticks in i mitten kommer ut rent.

Dundee tårta

Gör en 20cm/8 tårta

225 g/8 oz/1 kopp smör eller margarin, uppmjukat

225 g/8 oz/1 kopp socker (mycket fint).

4 stora ägg

225 g/8 oz/2 koppar vanligt (all-purpose) mjöl.

En nypa salt

350 g/12 oz/2 koppar russin

350 g/12 oz/2 koppar sultaner (russin)

175 g/6 oz/1 kopp hackat blandat (kanderat) skal

100 g/4 oz/1 kopp glace körsbär (sötade), i fjärdedelar

Rivet skal av ½ citron

50 g/2 oz hela mandlar, blancherad

Rör ihop smör och socker tills det är blekt och ljust. Vispa i äggen ett i taget, vispa ordentligt mellan varje tillsats. Tillsätt mjölet och saltet. Rör ner frukten och citronskalet. Skär hälften av mandeln och lägg i blandningen. Skeda upp i en smord och klädd 20cm/8 form och knyt en remsa av brunt papper runt utsidan av formen så att den är ca 5cm/2 högre än formen. Dela de reserverade mandlarna och arrangera dem i koncentriska cirklar ovanpå kakan. Grädda i en förvärmd ugn vid 150°C/300°F/gas 2 i 3½ timme tills ett spett som sticks in i mitten kommer ut rent. Kontrollera efter 2½ timme och om kakan börjar bryna för mycket ovanpå, täck med smörfast (vaxat) papper och sänk ugnstemperaturen till 140°C/275°F/gasmark 1 under den sista timmen av tillagningen.

Äggfri fruktkaka över natten

Gör en 20cm/8 tårta

50 g/2 oz/¼ kopp smör eller margarin

225 g/8 oz/2 koppar självhöjande mjöl

5 ml/1 tesked bikarbonat läsk (bakpulver)

5 ml/1 sked mald muskotnöt

5 ml/1 tsk mald blandad krydda (äppelpaj).

En nypa salt

225 g/8 oz/1 1/3 koppar blandad torkad frukt (fruktkakamix)

100 g/4 oz/½ kopp mjukt farinsocker

250 ml/8 ml oz/1 kopp mjölk

Gnid in smöret eller margarinet med mjöl, bakpulver, kryddor och salt tills blandningen liknar ströbröd. Blanda i frukten och sockret, blanda sedan i mjölken tills alla ingredienser är väl blandade. Täck och låt stå över natten.

Fördela blandningen i en smord och klädd 20 cm/8 kakform och grädda i en förvärmd ugn vid 180°C/350°F/gas 4 i 1¾ timmar tills ett spett i mitten kommer ut rent.

Omisskännlig fruktkaka

Gör en 23cm/9 tårta

225 g/8 oz/1 kopp smör eller margarin

200g/7oz/ knappa 1 kopp socker (mycket fint).

175 g/6 oz/1 kopp russin

175 g/6 oz/1 kopp sultanor (russin)

50 g/2 oz/½ kopp hackat blandat (kanderat) skal

75 g/3 oz/½ kopp stenade dadlar, hackade

5 ml/1 tesked bikarbonat läsk (bakpulver)

200 ml/7 ml oz/lite 1 dl vatten

75 g/2 oz/¼ kopp körsbär (kanderade), hackade

100 g/4 oz/1 kopp hackade blandade nötter

60 ml/4 msk konjak eller sherry

300g/11oz/2¾ koppar vanligt mjöl (all-purpose)

5 ml/1 tsk bakpulver

En nypa salt

2 lätt uppvispade ägg

Smält smöret eller margarinet och rör sedan ner socker, russin, sultaner, blandat skal och dadlar. Blanda bikarbonatet av läsk med lite vatten och rör ner i fruktblandningen med det återstående vattnet. Koka upp och låt sjuda försiktigt i 20 minuter, rör om då och då. Täck över och låt stå över natten.

Smörj och klä en 23 cm/9 kakform (form) och klä ett dubbelt lager smörpapper (vaxat) eller brunt papper så att det står över formen. Rör ner glacekörsbären, valnötterna och konjak eller sherry i blandningen och vänd sedan ner mjöl, bakpulver och salt. Blanda äggen. Häll upp i den förberedda kakformen och grädda i en förvärmd ugn vid 160°C/325°F/gas 3 i 1 timme. Sänk ugnstemperaturen till 140°C/275°F/gasmärke 1 och grädda i ytterligare 1 timme. Sänk ugnstemperaturen tillbaka till 120°C/250°F/gasmark ½ och grädda i ytterligare 1 timme tills ett spett som sticks in i mitten kommer ut rent. Täck toppen av kakan med en cirkel av smord eller brunt papper i slutet av tillagningstiden, om den har fått för mycket färg.

Ingefära fruktkaka

Gör en 18cm/7 tårta

100 g/4 oz/½ kopp smör eller margarin, uppmjukat

100 g/4 oz/½ kopp socker (mycket fint).

2 lätt uppvispade ägg

30 ml/2 matskedar mjölk

225 g/8 oz/2 koppar självhöjande mjöl

5 ml/1 tsk bakpulver

10 ml/2 msk mald blandad krydda (äppelpaj).

5 ml/1 msk mald ingefära

100 g/4 oz/2/3 kopp russin

100 g/4 oz/2/3 kopp sultanor (russin)

Rör ihop smöret eller margarinet och sockret tills det blir ljust och pösigt. Blanda gradvis i ägg och mjölk, tillsätt sedan mjöl, bakpulver och kryddor, sedan frukten. Häll upp blandningen i en smord och fodrad 18cm/7 form och grädda i en förvärmd ugn vid 160°C/325°F/gas 3 i 1¼ timme tills den fått fin färg och gyllenbrun.

Farmhouse Honey Fruktkaka

Gör en 20cm/8 tårta

175 g/6 oz/2/3 kopp smör eller margarin, mjukat

175 g/6 oz/½ kopp ren honung

Rivet skal av 1 citron

3 lätt uppvispade ägg

225 g/8 oz/2 koppar fullkornsmjöl (helvete).

10 ml/2 tsk bakpulver

5 ml/1 tsk mald blandad krydda (äppelpaj).

100 g/4 oz/2/3 kopp russin

100 g/4 oz/2/3 kopp sultanor (russin)

100 g/4 oz/2/3 kopp russin

50 g/2 oz/1/3 kopp färdiga att äta torkade aprikoser, hackade

50 g/2 oz/1/3 kopp hackat blandat (kanderat) skal

25 g/1 oz/¼ kopp mald mandel

25 g/1 oz/¼ kopp mandel

Rör ihop smör eller margarin, honung och citronskal tills det blir ljust och fluffigt. Tillsätt gradvis äggen, tillsätt sedan mjöl, bakpulver och blandad krydda. Blanda i frukten och mald mandel. Häll upp i en smord och klädd 20 cm/8 form och gör en liten brunn i mitten. Ordna mandeln runt den övre kanten på kakan. Grädda i en förvärmd ugn vid 160°C/325°F/gasmarkering 3 i 2–2½ timme tills ett spett som sticks in i mitten kommer ut rent. Täck tårtans ovansida med smörfast (vaxat) papper till slutet av tillagningstiden, om den har fått för mycket färg. Låt svalna i formen i 10 minuter innan du vänder ut på galler för att avsluta kylningen.

Genua tårta

Gör en 23cm/9 tårta

225 g/8 oz/1 kopp smör eller margarin, uppmjukat

100 g/4 oz/½ kopp socker (mycket fint).

4 delade ägg

5 ml/1 sked mandelessens (extrakt)

5 ml/1 tsk rivet apelsinskal

225 g/8 oz/11/3 kopp russin, hackade

100 g/4 oz/2/3 kopp russin, hackade

100 g/4 oz/2/3 kopp sultanor (russin), hackade

50 g/2 oz/¼ kopp körsbär (kanderade), hackade

50 g/2 oz/1/3 kopp hackat blandat (kanderat) skal

100 g/4 oz/1 kopp mald mandel

25 g/1 oz/¼ kopp mandel

350 g/12 oz/3 koppar vanligt (all-purpose) mjöl.

10 ml/2 tsk bakpulver

5 ml/1 tsk mald kanel

Rör ihop smör eller margarin och socker och vispa sedan i äggulor, mandelessens och apelsinskal. Blanda frukten och nötterna med lite mjöl tills det är täckt, blanda sedan i skedar mjöl, bakpulver och kanel växelvis med skedar av fruktblandningen tills allt är väl blandat. Vispa äggvitorna tills de blir styva och vänd sedan ner dem i blandningen. Häll upp i en smord och fodrad 23 cm/9 kakform (bricka) och grädda i en förvärmd ugn vid 190°C/375°F/gasmark 5 i 30 minuter, sänk sedan ugnstemperaturen till 160°C/325°F /gasmarkering 3 i ytterligare

1½ timme tills den är fjädrande vid beröring och ett spett som sticks in i mitten kommer ut rent. Låt svalna i pannan.

Glacé fruktkaka

Gör en 23cm/9 tårta

225 g/8 oz/1 kopp smör eller margarin, uppmjukat

225 g/8 oz/1 kopp socker (mycket fint).

4 lätt uppvispade ägg

45 ml/3 msk konjak

250 g/9 oz/1¼ koppar vanligt (all-purpose) mjöl.

2,5 ml/½ tesked bakpulver

En nypa salt

225 g/8 oz/1 kopp blandad glace (kanderad) frukt som körsbär, ananas, apelsiner, fikon, skivade

100 g/4 oz/2/3 kopp russin

100 g/4 oz/2/3 kopp sultanor (russin)

75 g/3 oz/½ kopp russin

50 g/2 oz/½ kopp hackade blandade nötter

Rivet skal av 1 citron

Rör ihop smöret eller margarinet och sockret tills det blir ljust och pösigt. Blanda gradvis i ägg och konjak. Blanda de återstående ingredienserna i en separat skål tills frukten är väl belagd med mjöl. Rör ner blandningen och blanda väl. Häll upp i en smord 23 cm/9 form (bricka) och grädda i en förvärmd ugn vid 180°C/350°F/gasmark 4 i 30 minuter. Sänk ugnstemperaturen till 150°C/300°F/gasmärke 3 och grädda i ytterligare 50 minuter tills ett spett som sticks in i mitten kommer ut rent.

Guinness fruktkaka

Gör en 23cm/9 tårta

225 g/8 oz/1 kopp smör eller margarin

225 g/8 oz/1 kopp mjukt farinsocker

300 ml/½ pt/1¼ kopp Guinness eller stout

225 g/8 oz/11/3 koppar russin

225 g/8 oz/11/3 koppar sultanas (russin)

225 g/8 oz/11/3 koppar russin

100 g/4 oz/2/3 kopp hackat blandat (kanderat) skal

550 g/1¼ pund/5 koppar vanligt (all-purpose) mjöl.

2,5 ml/½ tesked bikarbonatsoda (bakpulver)

5 ml/1 tsk mald blandad krydda (äppelpaj).

2,5 ml/½ tsk mald muskotnöt

3 lätt uppvispade ägg

Koka upp smöret eller margarinet, sockret och Guinness i en liten kastrull på låg värme, rör om tills det är väl blandat. Rör ner den blandade frukten och skalet, låt koka upp och låt sjuda i 5 minuter. Ta bort den från värmen och låt den svalna.

Blanda samman mjöl, bakpulver och kryddor och gör en brunn i mitten. Tillsätt färsk fruktblandningen och äggen och blanda ihop tills det är väl blandat. Häll upp i en smord och fodrad 23 cm/9 form och grädda i en förvärmd ugn vid 160°C/325°F/gas 3 i 2 timmar tills ett spett som sticks in i mitten kommer ut rent. Låt svalna i pannan i 20 minuter och vänd sedan upp på ett galler för att avsluta kylningen.

Färspaj

Gör en 20cm/8 tårta

225 g/8 oz/2 koppar självhöjande mjöl

350 g/12 oz/2 koppar köttfärs

75 g/3 oz/½ kopp blandad torkad frukt (fruktkakamix)

3 ägg

150 g/5 oz/2/3 kopp mjukt margarin

150 g/5 oz/2/3 kopp mjukt farinsocker

Blanda alla ingredienser tills det är väl blandat. Vänd till en smord och fodrad 20cm/8 kakform och grädda i en förvärmd ugn vid 160°C/325°F/gas 3 i 1¾ timmar tills den är väl puffad och fast vid beröring.

Fruktkaka med havre och aprikoser

Gör en 20cm/8 tårta

175 g/6 oz/¾ kopp smör eller margarin, mjukat

50 g/2 oz/¼ kopp mjukt farinsocker

30 ml/2 matskedar ren honung

3 ägg, vispade

175 g/6 oz/¼ kopp fullkornsmjöl (helvete).

50 g/2 oz/½ kopp havremjöl

10 ml/2 tsk bakpulver

250 g/9 oz/1½ koppar blandad torkad frukt (fruktkakamix)

50 g/2 oz/1/3 kopp färdiga att äta torkade aprikoser, hackade

Rivet skal och saft av 1 citron

Grädde smöret eller margarinet och sockret med honungen tills det är mjukt och fluffigt. Vispa gradvis ner äggen växelvis med mjöl och bakpulver. Rör ner den torkade frukten och citronsaften och skalet. Skeda i en smord och fodrad 20 cm/8 kakform och grädda i en förvärmd ugn vid 180°C/350°F/gasmark 4 i 1 timme. Sänk ugnstemperaturen till 160°C/325°F/gasmark 3 och grädda i ytterligare 30 minuter tills ett spett som sticks in i mitten kommer ut rent. Täck toppen med bakplåtspapper om kakan börjar få färg för snabbt.

Fruktkaka på natten

Gör en 20cm/8 tårta

450 g/1 pund/4 koppar vanligt mjöl (allt för ändamål).

225 g/8 oz/11/3 koppar russin

225 g/8 oz/11/3 koppar sultanas (russin)

225 g/8 oz/1 kopp mjukt farinsocker

50 g/2 oz/1/3 kopp hackat blandat (kanderat) skal

175 g/6 oz/¾ kopp ister (förkortning)

15 ml/1 msk gyllene sirap (ljus majs).

10 ml/2 tsk bikarbonatsoda (bakpulver)

15 ml/1 matsked mjölk

300 ml/½ pt/1¼ kopp vatten

Blanda samman mjöl, frukt, socker och skal. Smält ihop fettet och sirapen och rör ner i blandningen. Lös upp bikarbonatet av läsk i mjölken och rör ner i kakmixen med vattnet. Häll upp i en smord 20 cm/8 tums kakform, täck över och låt stå över natten.

Grädda kakan i en förvärmd ugn vid 160°C/375°F/gas 3 i 1¾ timmar tills ett spett som sticks in i mitten kommer ut rent.

Russin och kryddkaka

Gör en limpa på 900g/2lb

225 g/8 oz/1 kopp mjukt farinsocker

300 ml/½ pt/1¼ kopp vatten

100 g/4 oz/½ kopp smör eller margarin

15 ml/1 matsked blackstrap melass

175 g/6 oz/1 kopp russin

5 ml/1 tsk mald kanel

2. 5 ml/½ tsk mald muskotnöt

2,5 ml/½ msk kryddor

225 g/8 oz/2 koppar vanligt (all-purpose) mjöl.

5 ml/1 tsk bakpulver

5 ml/1 tesked bikarbonat läsk (bakpulver)

Smält socker, vatten, smör eller margarin, kyckling, russin och kryddor i en liten kastrull på medelvärme och rör hela tiden. Koka upp och låt sjuda i 5 minuter. Ta av från värmen och vispa resten av ingredienserna. Häll upp blandningen i en smord och fodrad 900g/2lb form och grädda i en förvärmd ugn vid 180°C/350°F/gasmark 4 i 50 minuter tills ett spett i mitten kommer ut rent.

Richmond tårta

Gör en 15cm/6 kaka

225 g/8 oz/2 koppar vanligt (all-purpose) mjöl.

En nypa salt

75 g/3 oz/1/3 kopp smör eller margarin

100 g/4 oz/½ kopp socker (mycket fint).

2,5 ml/½ tesked bakpulver

100 g/4 oz/2/3 kopp russin

2 ägg, vispade

Lite mjölk

Lägg mjöl och salt i en skål och pensla med smör eller margarin tills blandningen påminner om ströbröd. Blanda i socker, bakpulver och russin. Tillsätt äggen och tillräckligt med mjölk för att blanda till en hård deg. Vänd den i en smord och klädd 15 cm/6 kakform. Grädda i en förvärmd ugn på 190°C/375°F/gas 5 i cirka 45 minuter tills ett spett som sticks in i mitten kommer ut rent. Låt svalna på galler.

Fruktkaka med saffran

Gör två 450g/1lb kakor

2,5 ml/½ tesked saffranstråd

Varmvatten

15 g/½ oz färsk jäst eller 20 ml/4 msk torrjäst

900 g/2 lb/8 koppar vanligt (all-purpose) mjöl.

225 g/8 oz/1 kopp socker (mycket fint).

2,5 ml/½ tsk mald blandad krydda (äppelpaj).

En nypa salt

100 g/4 oz/½ kopp ister (förkortning)

100 g/4 oz/½ kopp smör eller margarin

300 ml/½ pt/1¼ kopp varm mjölk

350 g/12 oz/2 koppar blandad torkad frukt (fruktkakamix)

50 g/2 oz/1/3 kopp hackat blandat (kanderat) skal

Skär saffranstrådar och blötlägg i 45 ml/3 msk varmt vatten över natten.

Blanda jästen med 30 ml/2 msk mjöl, 5 ml/1 msk socker och 75 ml/5 msk varmt vatten och låt stå på en varm plats i 20 minuter tills den skummar.

Blanda samman resterande mjöl och socker med kryddan och saltet. Gnid ihop fettet och smöret eller margarinet tills blandningen liknar ströbröd och gör sedan en brunn i mitten. Tillsätt jästblandningen, saffran och saffransjuice, varm mjölk, blandad frukt och zest och blanda till en mjuk deg. Lägg i en oljad behållare, täck med plastfolie (plastfolie) och låt stå på en varm plats i 3 timmar.

Forma till två biffar, lägg i två smorda 450g/1lb-formar (brickor) och grädda i en förvärmd ugn vid 220°C/450°F/gasmark 7 i 40 minuter tills de fått bra färg och fått färg gyllenbrun.

Fruktkaka med läsk

Gör en tårta på 450 g

225 g/8 oz/2 koppar vanligt (all-purpose) mjöl.

1,5 ml/¼ tsk salt

En nypa bikarbonatsoda (bakpulver)

50 g/2 oz/¼ kopp smör eller margarin

50 g/2 oz/¼ kopp socker (mycket fint).

100 g/4 oz/2/3 kopp blandad torkad frukt (fruktkakamix)

150 ml/¼ pt/2/3 kopp sur mjölk eller mjölk med 5 ml/1 tsk citronsaft

5 ml/1 matsked blackstrap melass

Blanda samman mjöl, salt och bikarbonat i en skål. Gnid in smör eller margarin tills blandningen liknar ströbröd. Tillsätt sockret och frukten och blanda väl. Värm mjölken och jaggery tills jaggery smälter, tillsätt sedan till de torra ingredienserna och blanda till en hård deg. Häll upp i en smord 450g/1lb form och grädda i en förvärmd ugn vid 190°C/375°F/gasmark 5 i cirka 45 minuter tills de är gyllene.

Snabb fruktkaka

Gör en 20cm/8 tårta

450 g/1 pund/2 2/3 koppar blandad torkad frukt (fruktkakamix)

225 g/8 oz/1 kopp mjukt farinsocker

100 g/4 oz/½ kopp smör eller margarin

150 ml/¼ pt/2/3 kopp vatten

2 ägg, vispade

225 g/8 oz/2 koppar självhöjande mjöl

Koka upp frukten, sockret, smöret eller margarinet och vattnet, täck sedan över och låt sjuda försiktigt i 15 minuter. Låt det svalna. Vispa ihop ägg och mjöl, häll sedan upp blandningen i en smord och fodrad 20cm/8 form och grädda i en förvärmd ugn vid 150°C/300°F/gas 3 i 1½ timme tills den är gyllene ovanför och för att minska. bort från plåtens sidor.

Fruktkaka med varmt te

Gör en 900g/2lb kaka

450 g/1 pund/2½ koppar blandad torkad frukt (fruktkakamix)

300 ml/½ pt/1¼ kopp varmt svart te

350g/10oz/1¼ kopp mjukt farinsocker

350g/10oz/2½ koppar självhöjande mjöl

1 uppvispat ägg

Lägg frukten i varmt te och låt dra över natten. Sikta sockret, mjölet och ägget och vänd ner i en smord och klädd 900g/2lb bakform (plåt). Grädda i en förvärmd ugn vid 160°C/325°F/gas 3 i 2 timmar tills de fått fin färg och är gyllenbruna.

Fruktkaka med iste

Gör en 15cm/6 kaka

100 g/4 oz/½ kopp smör eller margarin

225 g/8 oz/11/3 koppar blandad torkad frukt (fruktkakamix)

250 ml/8 ml oz/1 kopp is-svart te

225 g/8 oz/2 koppar självhöjande mjöl

100 g/4 oz/½ kopp socker (mycket fint).

5 ml/1 tesked bikarbonat läsk (bakpulver)

1 stort ägg

Smält smöret eller margarinet i en kastrull, tillsätt frukten och teet och låt koka upp. Koka i 2 minuter och låt sedan svalna. Blanda i resten av ingredienserna och blanda väl. Häll upp i en smord och fodrad 15 cm/6 form och grädda i en förvärmd ugn vid 160°C/325°F/gasmarkering 3 i 1¼–1½ timme tills den är fast vid beröring. Låt svalna och servera sedan skivade och penslade med smör.

Sockerfri fruktkaka

Gör en 20cm/8 tårta

4 torkade aprikoser

60 ml/4 msk apelsinjuice

250 ml/8 ml oz/1 stark kopp

100 g/4 oz/2/3 kopp sultanor (russin)

100 g/4 oz/2/3 kopp russin

50 g/2 oz/¼ kopp russin

50 g/2 oz/¼ kopp smör eller margarin

225 g/8 oz/2 koppar självhöjande mjöl

75 g/3 oz/¾ kopp hackade blandade nötter

10 ml/2 msk mald blandad krydda (äppelpaj).

5 ml/1 tesked snabbkaffepulver

3 lätt uppvispade ägg

15 ml/1 matsked konjak eller whisky

Blötlägg aprikoserna i apelsinjuice tills de är mjuka, hacka sedan. Lägg dem i en kastrull med den torkade frukten och smöret eller margarinet, låt koka upp och låt sjuda i 20 minuter. Låt det svalna. Blanda ihop mjöl, nötter, kryddor och kaffe. Blanda i den tjocka blandningen, ägg och konjak eller whisky. Häll blandningen i en smord och fodrad 20 cm/8 form och grädda i en förvärmd ugn vid 180°C/350°F/gas 4 i 20 minuter. Sänk ugnstemperaturen till 150°C/300°F/gasmärke 2 och grädda i ytterligare 1½ timme tills ett spett som sticks in i mitten kommer ut rent. Täck ovansidan med smörfast (vaxat) papper mot slutet av tillagningstiden om den har fått för mycket färg. Låt svalna i formen i 10 minuter innan du vänder ut på galler för att avsluta kylningen.

Små fruktkakor

Det blir 48

100 g/4 oz/½ kopp smör eller margarin, uppmjukat

225 g/8 oz/1 kopp mjukt farinsocker

2 lätt uppvispade ägg

175 g/6 oz/1 kopp stenade dadlar, hackade

50 g/2 oz/½ kopp hackade blandade nötter

15 ml/1 msk rivet apelsinskal

225 g/8 oz/2 koppar vanligt (all-purpose) mjöl.

5 ml/1 tesked bikarbonat läsk (bakpulver)

2,5 ml/½ tsk salt

150 ml/¼ pt/2/3 kopp kärnmjölk

6 glace körsbär (kanderade), skivade

Orange Cake Glaze

Rör smöret eller margarinet och sockret ljust och pösigt. Vispa äggen lite i taget. Blanda i dadlar, valnötter och apelsinskal. Blanda samman mjöl, bikarbonat av läsk och salt. Tillsätt till blandningen växelvis med kärnmjölken och vispa tills det är väl blandat. Häll upp i en smord 5 cm/2 form (panna) och garnera med körsbär. Grädda i en förvärmd ugn vid 190°C/375°F/gas 5 i 20 minuter tills ett spett som sticks in i mitten kommer ut rent. Lägg över till ett galler och låt stå tills det är varmt, pensla sedan med apelsinglasyren.

Vinägerfruktkaka

Gör en 23cm/9 tårta

225 g/8 oz/1 kopp smör eller margarin

450 g/1 pund/4 koppar vanligt mjöl (allt för ändamål).

225 g/8 oz/1 1/3 koppar sultanas (russin)

100 g/4 oz/2/3 kopp russin

100 g/4 oz/2/3 kopp russin

225 g/8 oz/1 kopp mjukt farinsocker

5 ml/1 tesked bikarbonat läsk (bakpulver)

300 ml/½ pt/1¼ kopp mjölk

45 ml/3 msk maltvinäger

Gnid in smöret eller margarinet i mjölet tills blandningen liknar ströbröd. Häll i frukten och sockret och gör en brunn i mitten. Blanda samman bikarbonat av läsk, mjölk och vinäger – blandningen kommer att skumma. Rör ner de torra ingredienserna tills de är väl blandade. Häll blandningen i en smord och fodrad 23cm/9 form och grädda i en förvärmd ugn vid 200°C/400°F/gas 6 i 25 minuter. Sänk ugnstemperaturen till 160°C/325°F/gasmarkering 3 och grädda i ytterligare 1½ timme tills den är gyllene och fast vid beröring. Låt svalna i pannan i 5 minuter, vänd sedan ut på ett galler för att avsluta kylningen.

Virginia Whisky tårta

Gör en tårta på 450 g

100 g/4 oz/½ kopp smör eller margarin, uppmjukat

50 g/2 oz/¼ kopp socker (mycket fint).

3 ägg, separerade

175 g/6 oz/1½ koppar vanligt (all-purpose) mjöl.

5 ml/1 tsk bakpulver

En nypa riven muskotnöt

En nypa mald muskulatur

120 ml/4 ml oz/½ kopp port

30 ml/2 matskedar konjak

100 g/4 oz/2/3 kopp blandad torkad frukt (fruktkakamix)

120 ml/4 ml oz/½ kopp whisky

Rör ihop smör och socker tills det är slätt. Blanda ner äggulorna i den. Sikta ihop mjöl, bakpulver och kryddor och blanda väl. Rör ner portvin, konjak och torkad frukt. Vispa äggvitorna tills de bildar mjuka toppar, vänd sedan ner dem i massan. Häll upp i en smord 450g/1lb-form och grädda i en förvärmd ugn vid 160°C/325°F/gasmarkering 3 i 1 timme tills ett spett som sticks in i mitten kommer ut rent. Låt svalna i pannan, häll sedan whiskyn över kakan och låt stelna i 24 timmar innan du skär upp.

Walesisk fruktkaka

Gör en 23cm/9 tårta

50 g/2 oz/¼ kopp smör eller margarin

50 g/2 oz/¼ kopp ister (förkortning)

225 g/8 oz/2 koppar vanligt (all-purpose) mjöl.

En nypa salt

10 ml/2 tsk bakpulver

100 g/4 oz/½ kopp demerara socker

175 g/6 oz/1 kopp blandad torkad frukt (fruktkakamix)

Rivet skal och saft av ½ citron

1 lätt uppvispat ägg

30 ml/2 matskedar mjölk

Gnid in smöret eller margarinet och matfettet i mjöl, salt och bakpulver tills blandningen liknar ströbröd. Rör ner socker, frukt och citronskal och saft, blanda sedan i ägg och mjölk och knåda till en mjuk deg. Forma till en smord och klädd 23 cm/9 fyrkantig bakform och grädda i en förvärmd ugn vid 200°C/400°F/gas 6 i 20 minuter tills de är gyllenbruna.

Vit fruktkaka

Gör en 23cm/9 tårta

100 g/4 oz/½ kopp smör eller margarin, uppmjukat

225 g/8 oz/1 kopp socker (mycket fint).

5 lätt uppvispade ägg

350 g/12 oz/2 koppar blandad torkad frukt

350 g/12 oz/2 koppar sultaner (russin)

100 g/4 oz/2/3 kopp stenade dadlar, hackade

100 g/4 oz/½ kopp körsbär (kanderade), hackade

100 g/4 oz/½ kopp glace (sötad) ananas, hackad

100 g/4 oz/1 kopp hackade blandade nötter

225 g/8 oz/2 koppar vanligt (all-purpose) mjöl.

10 ml/2 tsk bakpulver

2,5 ml/½ tsk salt

60 ml/4 msk ananasjuice

Rör ihop smöret eller margarinet och sockret tills det blir ljust och pösigt. Tillsätt gradvis äggen, vispa ordentligt efter varje tillsats. Blanda ihop all frukt, nötter och lite av mjölet tills ingredienserna är väl belagda med mjöl. Sikta bakpulvret och saltet i det återstående mjölet och rör sedan ner i äggblandningen växelvis med ananasjuicen tills det är jämnt blandat. Tillsätt frukten och blanda väl. Häll upp i en smord och fodrad 23 cm/9 form och grädda i en förvärmd ugn vid 140°C/275°F/gasmark 1 i cirka 2½ timme tills ett spett som sticks in i mitten kommer ut rent. Låt svalna i formen i 10 minuter innan du vänder ut på galler för att avsluta kylningen.

äppelkaka

Gör en 20cm/8 tårta

175 g/6 oz/1½ koppar självhöjande mjöl

5 ml/1 tsk bakpulver

En nypa salt

150 g/5 oz/2/3 kopp smör eller margarin

150 g/5 oz/2/3 kopp socker (mycket fint).

1 uppvispat ägg

175 ml/6 ml oz/¾ kopp mjölk

3 bords (efterrätt) äpplen, skalade, urkärnade och skivade

2,5 ml/½ tesked mald kanel

15 ml/1 sked ren honung

Blanda ihop mjöl, bakpulver och salt. Gnid in smöret eller margarinet tills blandningen liknar ströbröd och rör sedan i sockret. Blanda ägget och mjölken. Häll blandningen i en smord och klädd 20cm/8 bakform (panna) och tryck försiktigt ut äppelskivorna ovanpå. Strö över kanel och ringla över honung. Grädda i en förvärmd ugn vid 200°C/400°F/gas 6 i 45 minuter tills de är gyllene och fasta vid beröring.

Kryddad äppeltårta med knaprig topping

Gör en 20cm/8 tårta

75 g/3 oz/1/3 kopp smör eller margarin

175 g/6 oz/1½ koppar självhöjande mjöl

50 g/2 oz/¼ kopp socker (mycket fint).

1 ägg

75 ml/5 msk vatten

3 äpplen (efterrätt), skalade, urkärnade och tärnade

För toppen:

75 g/3 oz/1/3 kopp demerara socker

10 ml/2 tsk mald kanel

25 g/1 oz/2 msk smör eller margarin

Gnid in smöret eller margarinet i mjölet tills blandningen liknar ströbröd. Häll i sockret och blanda sedan i ägget och vattnet till en mjuk deg. Tillsätt lite mer vatten om blandningen är för torr. Bred ut degen i en 20 cm/8 bakform (panna) och tryck ner äpplena i degen. Strö över demerarasocker och kanel och pensla med smör eller margarin. Grädda i en förvärmd ugn vid 180°C/350°F/gas 4 i 30 minuter tills den är gyllenbrun och fast vid beröring.

Amerikansk äppeltårta

Gör en 20cm/8 tårta

50 g/2 oz/¼ kopp smör eller margarin, mjukat

225 g/8 oz/1 kopp mjukt farinsocker

1 lätt uppvispat ägg

5 ml/1 tsk vaniljessens (extrakt)

100 g/4 oz/1 kopp vanligt mjöl (allt för ändamål).

2,5 ml/½ tesked bakpulver

2,5 ml/½ tesked bikarbonatsoda (bakpulver)

2,5 ml/½ tsk salt

2,5 ml/½ tesked mald kanel

2,5 ml/½ tsk mald muskotnöt

450 g/1 lb ätande (dessert) äpplen, skalade, urkärnade och tärnade

25 g/1 oz/¼ kopp mandel, hackad

Rör smöret eller margarinet och sockret ljust och pösigt. Vispa gradvis i ägget och vaniljessensen. Blanda samman mjöl, bakpulver, bikarbonat, salt och kryddor och vispa tills det blandas. Blanda i äpplen och nötter. Häll upp i en smord och klädd 20cm/8 bakform och grädda i en förvärmd ugn vid 180°C/350°F/gasmarkering 4 i 45 minuter tills ett spett som sticks in i mitten kommer ut rent.

Äppelpurékaka

Gör en 900g/2lb kaka

100 g/4 oz/½ kopp smör eller margarin, uppmjukat

225 g/8 oz/1 kopp mjukt farinsocker

2 lätt uppvispade ägg

225 g/8 oz/2 koppar vanligt (all-purpose) mjöl.

5 ml/1 tsk mald kanel

2,5 ml/½ tsk mald muskotnöt

100 g/4 oz/1 kopp äppelmos (sås)

5 ml/1 tesked bikarbonat läsk (bakpulver)

30 ml/2 msk varmt vatten

Rör ihop smöret eller margarinet och sockret tills det blir ljust och pösigt. Blanda gradvis i äggen. Rör ner mjöl, kanel, muskotnöt och äppelmos. Blanda bikarbonat av soda med det varma vattnet och blanda väl. Häll upp i en smord 900g/2lb-form och grädda i en förvärmd ugn vid 180°C/350°F/gas 4 i 1¼ timme tills ett spett som sticks in i mitten kommer ut rent. .

Äppelciderkaka

Gör en 20cm/8 tårta

100 g/4 oz/½ kopp smör eller margarin, uppmjukat

150 g/5 oz/2/3 kopp socker (mycket fint).

3 ägg

225 g/8 oz/2 koppar självhöjande mjöl

5 ml/1 tsk mald blandad krydda (äppelpaj).

5 ml/1 tesked bikarbonat läsk (bakpulver)

5 ml/1 tsk bakpulver

150 ml/¼ pt/2/3 kopp torr cider

2 kokta (syrliga) äpplen, skalade, urkärnade och skivade

75 g/3 oz/1/3 kopp demerara socker

100 g/4 oz/1 kopp hackade blandade nötter

Blanda ihop smör eller margarin, socker, ägg, mjöl, kryddor, bakpulver, bakpulver och 120 ml/4 floz/½ kopp cider tills det är väl blandat, tillsätt den återstående cidern om det behövs för att tjockna. skapa en mjuk deg. Häll hälften av blandningen i en smord och klädd 20 cm/8 kakform (form) och täck med hälften av äppelskivorna. Blanda samman sockret och nötterna och fördela hälften över äpplena. Skeda över den återstående kakblandningen och toppa med resterande äpplen och resten av socker- och nötblandningen. Grädda i en förvärmd ugn vid 180°C/350°F/gas 4 i 1 timme tills den är gyllenbrun och fast vid beröring.

Äppel- och kanelkaka

Gör en 23cm/9 tårta

100 g/4 oz/½ kopp smör eller margarin

100 g/4 oz/½ kopp socker (mycket fint).

1 lätt uppvispat ägg

100 g/4 oz/1 kopp vanligt mjöl (allt för ändamål).

5 ml/1 tsk bakpulver

30 ml/2 msk mjölk (valfritt)

2 stora kokta (syrliga) äpplen, skalade, urkärnade och skivade

30 ml/2 msk socker (superfint).

5 ml/1 tsk mald kanel

25 g/1 oz/¼ kopp mandel, hackad

30 ml/2 msk demerara socker

Rör ihop smöret eller margarinet och sockret tills det blir ljust och pösigt. Vispa gradvis i ägget och tillsätt sedan mjöl och bakpulver. Blandningen ska vara ganska styv; om det är för hårt, blanda med lite mjölk. Häll hälften av blandningen i en smord och fodrad 23 cm/9 lösbottnad form (panna). Ovan listar vi äppelskivorna. Blanda samman socker och kanel och strö mandeln över äpplena. Häll över den återstående kakblandningen och strö över demerarasocker. Grädda i en förvärmd ugn på 180°C/350°F/gas 4 i 30–35 minuter tills ett spett som sticks in i mitten kommer ut rent.

Spansk äppeltårta

Gör en 23cm/9 tårta

175 g/6 oz/¾ kopp smör eller margarin

6 Cox's ätande (dessert) äpplen, skalade, urkärnade och skivade

30 ml/2 msk äppelbrännvin

175 g/6 oz/¾ kopp socker (mycket fint).

150 g/5 oz/1¼ kopp vanligt (all-purpose) mjöl.

10 ml/2 tsk bakpulver

5 ml/1 tsk mald kanel

3 lätt uppvispade ägg

45 ml/3 matskedar mjölk

För glasyren:

60 ml/4 msk aprikossylt (reserverad), silad (avrunnen)

15 ml/1 matsked äppelbrännvin

5 ml/1 matsked majsmjöl (majsstärkelse)

10 ml/2 matskedar vatten

Smält smöret eller margarinet i en stor stekpanna och stek äppelbitarna på låg värme i 10 minuter, rör om en gång för att täcka med smöret. Avlägsna från värme. Hacka en tredjedel av äpplena och tillsätt äppelbrännvinet, rör sedan ner socker, mjöl, bakpulver och kanel. Tillsätt ägg och mjölk och häll upp blandningen i en smord och mjölad 23cm/9 i en lösbottnad kakform. Lägg resterande äppelskivor ovanpå. Grädda i en förvärmd ugn vid 180°C/350°F/gas 4 i 45 minuter tills de är väl brynta och gyllenbruna och börjar krympa från sidorna av pannan.

För att göra glasyren värmer du sylt och konjak tillsammans. Blanda majsmjölet med vattnet och blanda i sylt och konjak. Koka i några minuter under omrörning tills den är klar. Pensla den varma kakan och låt svalna i 30 minuter. Ta bort sidorna av kakformen, värm upp glasyren och pensla en andra gång. Låt det svalna.

Äppel- och sultanatårta

Gör en 20cm/8 tårta

350 g/12 oz/3 koppar självhöjande mjöl

En nypa salt

2,5 ml/½ tesked mald kanel

225 g/8 oz/1 kopp smör eller margarin

175 g/6 oz/¾ kopp socker (mycket fint).

100 g/4 oz/2/3 kopp sultanor (russin)

450 g/1 lb koka (kaka) äpplen, skalade, urkärnade och finhackade

2 ägg

Lite mjölk

Blanda samman mjöl, salt och kanel och gnid sedan in smöret eller margarinet tills blandningen liknar ströbröd. Rör ner sockret. Gör en brunn i mitten och tillsätt sultanerna, äpplena och äggen och blanda väl tillsätt lite mjölk för att få en stel massa. Häll upp i en smord 20cm/8 kakform och grädda i en förvärmd ugn vid 180°C/350°F/gasmark 4 i cirka 1½–2 timmar tills den är fast vid beröring. Servera varm eller kall.

Upp och ner äppelkaka

Gör en 23cm/9 tårta

2 bordsäpplen (dessert), skalade, urkärnade och tunt skivade

75 g/3 oz/1/3 kopp mjukt farinsocker

45 ml/3 msk russin

30 ml/2 msk citronsaft

Till tårtan:

200g/7oz/1¾ kopp vanligt (all-purpose) mjöl.

50 g/2 oz/¼ kopp socker (mycket fint).

10 ml/2 tsk bakpulver

5 ml/1 tesked bikarbonat läsk (bakpulver)

5 ml/1 tsk mald kanel

En nypa salt

120 ml/4 ml oz/½ kopp mjölk

50 g/2 oz/½ kopp äppelmos (sås)

75 ml/5 msk olja

1 lätt uppvispat ägg

5 ml/1 tsk vaniljessens (extrakt)

Blanda samman äpplena, socker, russin och citronsaft och lägg i botten av en smord 23cm/9 kakform. Blanda ihop de torra ingredienserna till kakan och gör en brunn i mitten. Blanda samman mjölk, äppelmos, olja, ägg och vaniljessens och rör ner i de torra ingredienserna tills det blandas. Häll upp i kakformen och grädda i en förvärmd ugn vid 180°C/350°F/gas 4 i 40 minuter tills kakan är gyllene och lossnar från sidorna av formen. Låt svalna i pannan i 10 minuter, vänd sedan försiktigt upp på en tallrik. Servera varm eller kall.

Aprikoskaka

Gör en limpa på 900g/2lb

225 g/8 oz/1 kopp smör eller margarin, uppmjukat

225 g/8 oz/1 kopp socker (mycket fint).

2 väl uppvispade ägg

6 mogna aprikoser, urkärnade (stenade), skalade och hackade

300g/11oz/2¾ koppar vanligt mjöl (all-purpose)

5 ml/1 tesked bikarbonat läsk (bakpulver)

En nypa salt

75 g/3 oz/¾ kopp mandel, hackad

Rör ihop smör eller margarin och socker. Vispa gradvis i äggen och rör sedan ner aprikoserna. Vispa i mjöl, bikarbonat av soda och salt. Rör ner nötterna. Häll upp i en smord och mjölad form på 900 g/2lb och grädda i en förvärmd ugn vid 180°C/350°F/gas 4 i 1 timme tills ett spett som sticks in i mitten kommer ut rent. Låt svalna i pannan innan du kastar.

Aprikos och ingefära kaka

Gör en 18cm/7 tårta

100 g/4 oz/1 kopp självhöjande mjöl

100 g/4 oz/½ kopp mjukt farinsocker

10 ml/2 tsk mald ingefära

100 g/4 oz/½ kopp smör eller margarin, uppmjukat

2 lätt uppvispade ägg

100 g/4 oz/2/3 kopp färdiga att äta torkade aprikoser, hackade

50 g/2 oz/1/3 kopp russin

Vispa samman mjöl, socker, ingefära, smör eller margarin och ägg till en jämn smet. Rör ner aprikoserna och russinen. Häll upp blandningen i en smord och fodrad 18cm/7 form och grädda i en förvärmd ugn vid 180°C/350°F/gasmark 4 i 30 minuter tills ett spett som sticks in i mitten kommer ut rent.

Aprikoskaka

Gör en 20cm/8 tårta

120 ml/4 ml oz/½ kopp konjak eller rom

120 ml/4 ml oz/½ kopp apelsinjuice

225 g/8 oz/1 1/3 koppar färdiga att äta torkade aprikoser, hackade

100 g/4 oz/2/3 kopp sultanor (russin)

175 g/6 oz/¾ kopp smör eller margarin, mjukat

45 ml/3 skedar ren honung

4 delade ägg

175 g/6 oz/1½ koppar självhöjande mjöl

10 ml/2 tsk bakpulver

Koka konjak eller rom och apelsinjuice med aprikoser och sultanor. Rör om väl, ta sedan bort från värmen och låt svalna. Rör ihop smör eller margarin och honung och blanda sedan gradvis i äggulorna. Vänd ner mjöl och bakpulver. Vispa äggvitorna tills de blir styva och vänd sedan försiktigt ner dem i blandningen. Häll upp i en smord och fodrad 20 cm/8 form och grädda i en förvärmd ugn vid 180°C/350°F/gas 4 i 1 timme tills ett spett som sticks in i mitten kommer ut rent. Låt svalna i pannan.

Banankaka

Gör en tårta 23 x 33 cm/9 x 13

4 mogna bananer, rivna

2 lätt uppvispade ägg

350 g/12 oz/1½ koppar socker (mycket fint).

120 ml/4 ml oz/½ kopp olja

5 ml/1 tsk vaniljessens (extrakt)

50 g/2 oz/½ kopp hackade blandade nötter

225 g/8 oz/2 koppar vanligt (all-purpose) mjöl.

10 ml/2 tsk bikarbonatsoda (bakpulver)

5 ml/1 sked salt

Rör ihop bananer, ägg, socker, olja och vanilj. Tillsätt de återstående ingredienserna och blanda tills det blandas. Häll upp i en 23 x 33 cm/9 x 13 kakform (panna) och grädda i en förvärmd ugn vid 180°C/350°F/gas 4 i 45 minuter tills ett spett som sticks in i mitten kommer ut rent. .

Banankaka med knaprig topping

Gör en 23cm/9 tårta

100 g/4 oz/½ kopp smör eller margarin, uppmjukat

300g/11oz/11/3 koppar socker (mycket fint).

2 lätt uppvispade ägg

175 g/6 oz/1½ koppar vanligt (all-purpose) mjöl.

2,5 ml/½ tsk salt

1,5 ml/½ tsk mald muskotnöt

5 ml/1 tesked bikarbonat läsk (bakpulver)

75 ml/5 matskedar mjölk

Några droppar vaniljessens (extrakt)

4 bananer, rivna

För toppen:

50 g/2 oz/¼ kopp demerara socker

50 g/2 oz/2 koppar cornflakes, krossade

2,5 ml/½ tesked mald kanel

25 g/1 oz/2 msk smör eller margarin

Vispa ihop smör eller margarin och socker tills det blir ljust och pösigt. Vispa gradvis i äggen och tillsätt sedan mjöl, salt och muskotnöt. Blanda bikarbonat av läsk med mjölken och vaniljessensen och rör ner i bananblandningen. Häll upp i en smord och klädd 23cm/9 form (bakplåt).

För att göra toppingen, blanda ihop socker, majsstärkelse och kanel och pensla med smör eller margarin. Spraya kakan och grädda i en förvärmd ugn vid 180°C/350°F/gas 4 i 45 minuter tills den är fast vid beröring.

Banansvamp

Gör en 23cm/9 tårta

100 g/4 oz/½ kopp smör eller margarin, uppmjukat

100 g/4 oz/½ kopp socker (mycket fint).

2 ägg, vispade

2 stora mogna bananer, rivna

225 g/8 oz/1 kopp självhöjande mjöl

45 ml/3 matskedar mjölk

För fyllning och fyllning:

225 g/8 oz/1 kopp färskost

30 ml/2 skedar gräddfil (yoghurt).

100g/4oz torra bananchips

Rör ihop smöret eller margarinet och sockret tills det blir ljust och pösigt. Tillsätt äggen gradvis och blanda sedan i bananerna och mjölet. Rör ner mjölken tills blandningen har en rinnig konsistens. Häll upp i en smord och fodrad 23 cm/9 form och grädda i en förvärmd ugn vid 180°C/350°F/gas 4 i cirka 30 minuter tills ett spett som sticks in i mitten kommer ut rent. Vänd ut på ett galler och låt svalna, skär sedan på mitten horisontellt.

För att göra toppingen, vispa ihop färskost och gräddfil och använd hälften av blandningen för att foga ihop de två halvorna av kakan. Bred ut resterande blandning ovanpå och dekorera med bananchipsen.

Fiberrika banankaka

Gör en 18cm/7 tårta

100 g/4 oz/½ kopp smör eller margarin, uppmjukat

50 g/2 oz/¼ kopp mjukt farinsocker

2 lätt uppvispade ägg

100 g/4 oz/1 kopp fullkornsmjöl (helvete).

10 ml/2 tsk bakpulver

2 bananer, rivna

För fyllningen:

225 g/8 oz/1 kopp keso (len ostmassa).

5 ml/1 tsk citronsaft

15 ml/1 sked ren honung

1 banan, skivad

Florsocker (konfektyr), siktat, för att pudra

Rör ihop smöret eller margarinet och sockret tills det blir ljust och pösigt. Vispa gradvis i äggen och tillsätt sedan mjöl och bakpulver. Rör försiktigt ner bananerna. Häll blandningen i två smorda och klädda 18 cm/7 kakformar (plåtar) och grädda i den förvärmda ugnen i 30 minuter tills den är fast vid beröring. Låt det svalna.

För att göra fyllningen, vispa ihop färskost, citronsaft och honung och bred över en av kakorna. Ordna bananskivorna ovanpå och täck dem sedan med den andra kakan. Servera strö över strösocker.

Banan- och citronkaka

Gör en 18cm/7 tårta

100 g/4 oz/½ kopp smör eller margarin, uppmjukat

175 g/6 oz/¾ kopp socker (mycket fint).

2 lätt uppvispade ägg

225 g/8 oz/2 koppar självhöjande mjöl

2 bananer, rivna

För fyllning och fyllning:

75 ml/5 msk lemon curd

2 bananer, skivade

45 ml/3 msk citronsaft

100 g/4 oz/2/3 kopp pulveriserat (konfektyr) socker, siktat

Rör ihop smöret eller margarinet och sockret tills det blir ljust och pösigt. Vispa gradvis i äggen, vispa ordentligt efter varje tillsats, vänd sedan ner mjölet och bananerna. Häll upp blandningen i två smorda och fodrade 18 cm/7 i smörgåsformar och grädda i en förvärmd ugn vid 180°C/350°F/gasmark 4 i 30 minuter. Häll av och låt svalna.

Smörgå ihop kakorna med lemon curd och hälften av bananskivorna. Ringla över återstående bananskivor med 15 ml/1 msk citronsaft. Blanda den återstående citronsaften med strösocker för att göra en styv kräm (brost). Bred ut krämen på tårtan och dekorera med bananskivorna.

Choklad Banan Blender Cake

Gör en 20cm/8 tårta

225 g/8 oz/2 koppar självhöjande mjöl

2,5 ml/½ tesked bakpulver

40 g/1½ oz/3 msk chokladdryckspulver

2 ägg

60 ml/4 matskedar mjölk

150 g/5 oz/2/3 kopp socker (mycket fint).

100 g/4 oz/½ kopp mjukt margarin

2 mogna bananer, skivade

Blanda ihop mjöl, bakpulver och drickchoklad. Mixa de återstående ingredienserna i en mixer eller matberedare i cirka 20 sekunder – blandningen kommer att se dryg ut. Häll i de torra ingredienserna och blanda väl. Vänd till en smord och klädd 20 cm/8 kakform och grädda i en förvärmd ugn vid 180°C/350°F/gasmark 4 i ca 1 timme tills ett spett som sticks in i mitten kommer ut rent. Vänd upp på galler för att svalna.

Banan och jordnötskaka

Gör en 900g/2lb kaka

275 g/10 oz/2½ koppar vanligt mjöl (all-purpose)

225 g/8 oz/1 kopp socker (mycket fint).

100 g/4 oz/1 kopp jordnötter, finhackade

15 ml/1 matsked bakpulver

En nypa salt

2 ägg, separerade

6 bananer, rivna

Rivet skal och saft av 1 liten citron

50 g/2 oz/¼ kopp smör eller margarin, smält

Blanda ihop mjöl, socker, nötter, bakpulver och salt. Vispa äggulorna och blanda ner dem i blandningen med bananer, citronskal och saft och smör eller margarin. Vispa äggvitorna tills de blir styva och vänd sedan ner dem i blandningen. Häll upp i en smord 900g/2lb-form och grädda i en förvärmd ugn vid 180°C/350°F/gas 4 i 1 timme tills ett spett som sticks in i mitten kommer ut rent..

Omfattande banan- och russinkaka

Gör en 900g/2lb kaka

450 g/1 lb mogna bananer, rivna

50 g/2 oz/½ kopp hackade blandade nötter

120 ml/4 ml oz/½ kopp solrosolja

100 g/4 oz/2/3 kopp russin

75 g/3 oz/¾ kopp havregryn

150 g/5 oz/1¼ koppar fullkornsmjöl (fullkornsvete)

1,5 ml/¼ tsk mandelessens (extrakt)

En nypa salt

Blanda ihop alla ingredienser till en slät, blöt blandning. Häll upp i en smord och fodrad form på 900g/2lb och grädda i en förvärmd ugn vid 190°C/375°F/gas 5 i 1 timme tills den är gyllenbrun och ett spett som sticks in i mitten ska komma ut rent. . Kyl i pannan i 10 minuter innan du vänder ut.

Banan och whisky tårta

Gör en 25 cm/10 tårta

225 g/8 oz/1 kopp smör eller margarin, uppmjukat

450 g/1 pund/2 koppar mjukt farinsocker

3 mogna bananer, rivna

4 lätt uppvispade ägg

175 g/6 oz/1½ kopp pekannötter, grovt hackade

225 g/8 oz/11/3 koppar sultanas (russin)

350 g/12 oz/3 koppar vanligt (all-purpose) mjöl.

15 ml/1 matsked bakpulver

5 ml/1 tsk mald kanel

2,5 ml/½ tsk mald ingefära

2,5 ml/½ tsk mald muskotnöt

150 ml/¼ pint/2/3 kopp whisky

Rör ihop smöret eller margarinet och sockret tills det blir ljust och pösigt. Rör ner bananerna och vispa sedan i äggen gradvis. Blanda valnötterna och sultanerna med en stor sked mjöl och blanda sedan det återstående mjölet med bakpulvret och kryddorna i en separat skål. Blanda ner mjölet i den krämade blandningen växelvis med whisky. Vänd ner valnötterna och sultanerna. Häll blandningen i en osmord 25 cm/10 form och grädda i en förvärmd ugn vid 180°C/350°F/gas 4 i 1¼ timme tills den blir spänstig. Låt svalna i formen i 10 minuter innan du vänder ut på galler för att avsluta kylningen.

Blåbärstårta

Gör en 23cm/9 tårta

175 g/6 oz/¾ kopp socker (mycket fint).

60 ml/4 msk olja

1 lätt uppvispat ägg

120 ml/4 ml oz/½ kopp mjölk

225 g/8 oz/2 koppar vanligt (all-purpose) mjöl.

10 ml/2 tsk bakpulver

2,5 ml/½ tsk salt

225 g/8 oz blåbär

För toppen:
50 g/2 oz/¼ kopp smör eller margarin, smält

100 g/4 oz/½ kopp strösocker

50 g/2 oz/¼ kopp vanligt (all-purpose) mjöl.

2,5 ml/½ tesked mald kanel

Vispa samman socker, olja och ägg tills det är väl blandat och blek. Häll i mjölken och rör sedan ner mjöl, bakpulver och salt. Vänd ner blåbären. Häll upp blandningen i en smord och mjölad 23 cm/9 kakform. Blanda ovanstående ingredienser och strö över blandningen. Grädda i en förvärmd ugn vid 190°C/375°F/gas 5 i 50 minuter tills ett spett som sticks in i mitten kommer ut rent. Servera varm.

Körsbärskullerstenstårta

Gör en 900g/2lb kaka

175 g/6 oz/¾ kopp smör eller margarin, mjukat

175 g/6 oz/¾ kopp socker (mycket fint).

3 ägg, vispade

225 g/8 oz/2 koppar vanligt (all-purpose) mjöl.

2,5 ml/½ tesked bakpulver

100 g/4 oz/2/3 kopp sultanor (russin)

150 g/5 oz/2/3 kopp glace körsbär (kanderade), hackade

225 g/8 oz färska körsbär, urkärnade (stenade) och halverade

30 ml/2 msk aprikossylt (konserverad)

Vispa smöret eller margarinet mjukt och vispa sedan i sockret. Blanda i äggen, sedan mjölet, bakpulvret, sultanerna och glacekörsbären. Häll upp i en smord 900g/2lb-form (bricka) och grädda i en förvärmd ugn vid 160°C/325°F/gasmark 3 i 2½ timme. Låt stå i pannan i 5 minuter och överför sedan till ett galler för att avsluta kylningen.

Ordna körsbären efter varandra ovanpå kakan. Koka upp aprikossylten i en liten panna, sila sedan av (låt rinna av) och pensla över kakan för att glasera.

Körsbär och kokos kaka

Gör en 20cm/8 tårta

350 g/12 oz/3 koppar självhöjande mjöl

175 g/6 oz/¾ kopp smör eller margarin

225 g/8 oz/1 kopp glace körsbär (sötade), i fjärdedelar

100 g/4 oz/1 kopp torkad kokosnöt (strimlad).

175 g/6 oz/¾ kopp socker (mycket fint).

2 stora ägg, lätt vispade

200 ml/7 ml oz/1 kopp skummjölk

Lägg mjölet i en skål och pensla med smör eller margarin tills blandningen liknar ströbröd. Häll körsbären i kokosen, tillsätt sedan till sockerblandningen och blanda försiktigt ihop. Tillsätt äggen och det mesta av mjölken. Vispa väl, tillsätt ytterligare mjölk om det behövs för att ge en slät, ringlad konsistens. Vänd den i en smord och klädd 20 cm/8 kakform. Grädda i en förvärmd ugn vid 180°C/350°F/gas 4 i 1½ timme tills ett spett som sticks in i mitten kommer ut rent.

Körsbärs- och sultanatårta

Gör en 900g/2lb kaka

100 g/4 oz/½ kopp smör eller margarin, uppmjukat

100 g/4 oz/½ kopp socker (mycket fint).

3 lätt uppvispade ägg

100 g/4 oz/½ kopp glace körsbär (kanderade).

350 g/12 oz/2 koppar sultaner (russin)

175 g/6 oz/1½ koppar vanligt (all-purpose) mjöl.

En nypa salt

Rör ihop smöret eller margarinet och sockret tills det blir ljust och pösigt. Tillsätt äggen gradvis. Kasta körsbär och sultaner i lite av mjölet för att täcka, släng sedan det återstående mjölet i saltblandningen. Rör ner körsbär och sultaner. Häll upp blandningen i en smord och fodrad 900g/2lb form (bricka) och grädda i en förvärmd ugn vid 160°C/325°F/gasmark 3 i 1½ timme tills ett spett i mitten kommer ut rent.

Tårta med iskalla körsbär och valnötter

Gör en 18cm/7 tårta

100 g/4 oz/½ kopp smör eller margarin, uppmjukat

100 g/4 oz/½ kopp socker (mycket fint).

2 lätt uppvispade ägg

15 ml/1 sked ren honung

150 g/5 oz/1¼ koppar självhöjande mjöl

5 ml/1 tsk bakpulver

En nypa salt

Till dekorationen:

225 g/8 oz/11/3 koppar pulveriserat (konditor) socker, siktat

30 ml/2 msk vatten

Några droppar röd matfärg

4 glace körsbär (kanderade), halverade

4 valnötshalvor

Rör ihop smöret eller margarinet och sockret tills det blir ljust och pösigt. Vispa gradvis i ägg och honung, vänd sedan ner mjöl, bakpulver och salt. Häll upp blandningen i en smord och fodrad 18 cm/8 form och grädda i en förvärmd ugn vid 190°C/375°F/gasmark 5 i 20 minuter tills den är väl jäst och fast vid beröring. Låt det svalna.

Lägg florsockret i en skål och vispa gradvis med tillräckligt med vatten för att göra en frosting. Fördela det mesta över toppen av kakan. Färga den återstående frostingen med några droppar matfärg, tillsätt lite strösocker om det gör frostingen för tunn. Pipa eller häll crème fraichen över kakan för att bryta den i bitar, dekorera sedan med glacekörsbär och valnötter.

Damson tårta

Gör en 20cm/8 tårta

100 g/4 oz/½ kopp smör eller margarin, uppmjukat

75 g/3 oz/1/3 kopp mjukt farinsocker

2 lätt uppvispade ägg

225 g/8 oz/2 koppar självhöjande mjöl

450g/1lb damsons, stenade (urkärnade) och halverade

50 g/2 oz/½ kopp hackade blandade nötter.

Rör ihop smöret eller margarinet och sockret tills det blir ljust och fluffigt, tillsätt sedan äggen gradvis och vispa ordentligt efter varje tillsats. Vänd ner mjöl och damsons. Häll blandningen i en smord och klädd 20 cm/8 panna och strö över valnötter. Grädda i en förvärmd ugn vid 190°C/375°F/gasmarkering 5 i 45 minuter tills den är fast vid beröring. Låt svalna i formen i 10 minuter innan du vänder ut på galler för att avsluta kylningen.

Tårta med dadlar och valnötter

Gör en 23cm/9 tårta

300 ml/½ pt/1¼ kopp kokande vatten

225 g/8 oz/11/3 koppar dadlar, stenade (stenade) och hackade

5 ml/1 tesked bikarbonat läsk (bakpulver)

75 g/3 oz/1/3 kopp smör eller margarin, mjukat

225 g/8 oz/1 kopp socker (mycket fint).

1 uppvispat ägg

275 g/10 oz/2½ koppar vanligt mjöl (all-purpose)

En nypa salt

2,5 ml/½ tesked bakpulver

50 g/2 oz/½ kopp valnötter, hackade

För toppen:
50 g/2 oz/¼ kopp mjukt farinsocker

25 g/1 oz/2 msk smör eller margarin

30 ml/2 matskedar mjölk

Några valnötshalvor att dekorera

Häll vatten, dadlar och bakpulver i en skål och låt stå i 5 minuter. Rör ihop smöret eller margarinet och sockret tills det är mjukt och blanda sedan ägget med vattnet och dadlarna. Blanda samman mjöl, salt och bakpulver och vänd sedan ner i nötblandningen. Vänd till en smord och fodrad 23cm/9 kakform och grädda i en förvärmd ugn vid 180°C/350°F/gas 4 i 1 timme tills den stelnat. Kyl på galler.

För att göra toppingen, blanda socker, smör och mjölk tills det är slätt. Bred ut över tårtan och dekorera med valnötshalvor.

Citronkaka

Gör en 20cm/8 tårta

175 g/6 oz/¾ kopp smör eller margarin, mjukat

175 g/6 oz/¾ kopp socker (mycket fint).

2 ägg, vispade

225 g/8 oz/2 koppar självhöjande mjöl

Saft och rivet skal av 1 citron

60 ml/4 matskedar mjölk

Blanda ihop smöret eller margarinet och 100g/4 oz/½ kopp socker. Tillsätt äggen lite i taget, tillsätt sedan mjölet och det rivna citronskalet. Rör ner tillräckligt med mjölk för att få en jämn konsistens. Häll blandningen i en smord och fodrad 20cm/8 kakform och grädda i en förvärmd ugn vid 180°C/350°F/gasmark 4 i 1 timme tills den är gyllenbrun. Lös upp det återstående sockret i citronsaften. Stick igenom den varma kakan med en gaffel och häll vätskan över den. Låt det svalna.

Apelsin och mandelkaka

Gör en 20cm/8 tårta

4 delade ägg

100 g/4 oz/½ kopp socker (mycket fint).

Rivet skal av 1 apelsin

50 g/2 oz/½ kopp mandel, finhackad

50 g/2 oz/½ kopp mald mandel

Till sirapen:

100 g/4 oz/½ kopp socker (mycket fint).

300 ml/½ pt/1¼ kopp apelsinjuice

15 ml/1 matsked apelsinlikör (valfritt)

1 kanelstång

Vispa ihop äggulor, socker, apelsinskal, mandel och mald mandel. Vispa äggvitorna tills de blir styva och vänd sedan ner dem i blandningen. Häll upp i en smord och mjölad 20cm/8 i en lösbottnad form (bricka) och grädda i en förvärmd ugn vid 180°C/350°F/gasmark 4 i 45 minuter tills hållbar beröringslivslängd. Stick igenom det hela med ett spett och låt svalna.

Lös under tiden sockret i apelsinjuicen och likören, om den används, på låg värme med kanelstången, rör om då och då. Koka upp och låt sjuda tills det blir en tunn sirap. Släng kanelen. Häll den varma sirapen över kakan och låt dra.

Havrekaka

Gör en 900g/2lb kaka

100 g/4 oz/1 kopp havregryn

300 ml/½ pt/1¼ kopp kokande vatten

100 g/4 oz/½ kopp smör eller margarin, uppmjukat

225 g/8 oz/1 kopp mjukt farinsocker

225 g/8 oz/1 kopp socker (mycket fint).

2 lätt uppvispade ägg

175 g/6 oz/1½ koppar vanligt (all-purpose) mjöl.

10 ml/2 tsk bakpulver

5 ml/1 tesked bikarbonat läsk (bakpulver)

5 ml/1 tsk mald kanel

Blötlägg havre i kokande vatten. Rör ihop smöret eller margarinet och sockret tills det blir ljust och fluffigt. Vispa gradvis i äggen och vänd sedan ner mjöl, bakpulver, bikarbonat och kanel. Häll till sist i havreblandningen och rör om tills det är väl blandat. Häll upp i en smord och fodrad 900g/2lb form och grädda i en förvärmd ugn vid 180°C/350°F/gas 4 i ca 1 timme tills den är fast vid kontakten

Mandarin Mandarintårta med frosting

Gör en 20cm/8 tårta

175 g/6 oz/3/4 kopp mjukbalja margarin

250g/9oz/generöst 1 kopp socker (mycket fint).

225 g/8 oz/2 koppar självhöjande mjöl

5 ml/1 tsk bakpulver

3 ägg

Finrivet skal och saft av 1 liten apelsin

300 g/11 oz/1 medium burk mandarin apelsiner, väl dränerad

Finrivet skal och saft av 1/2 citron

Kombinera margarin, 175 g/6 oz/3/4 kopp socker, mjöl, bakpulver, ägg, apelsinskal och juice i en matberedare eller vispa med en elektrisk mixer tills det är slätt. Hacka mandarinerna grovt och vänd ner dem. Skeda i en smord och klädd 20cm/8 i ugnsform (plåt). Jämna till ytan. Grädda i en förvärmd ugn vid 180°C/350°F/gas 4 i 1 timme och 10 minuter eller tills ett spett som sticks in i mitten kommer ut rent. Kyl i 5 minuter, ta sedan bort från pannan och lägg på ett galler. Blanda under tiden det återstående sockret med citronskalet och saften till en pasta. Bred ut ovanpå och låt svalna.

Apelsinkaka

Gör en 20cm/8 tårta

175 g/6 oz/¾ kopp smör eller margarin, mjukat

175 g/6 oz/¾ kopp socker (mycket fint).

2 ägg, vispade

225 g/8 oz/2 koppar självhöjande mjöl

Saft och rivet skal av 1 apelsin

60 ml/4 matskedar mjölk

Blanda ihop smöret eller margarinet och 100g/4 oz/½ kopp socker. Tillsätt äggen lite i taget, vänd sedan ner mjöl och rivet apelsinskal. Rör ner tillräckligt med mjölk för att få en jämn konsistens. Häll blandningen i en smord och fodrad 20 cm/8 kakform och grädda i en förvärmd ugn vid 180°C/350°F/gas 4 i 1 timme tills den är gyllenbrun och gyllene. Lös upp det återstående sockret i apelsinjuicen. Stick igenom den varma kakan med en gaffel och häll vätskan över den. Låt det svalna.

Persikakaka

Gör en 23cm/9 tårta

100 g/4 oz/½ kopp smör eller margarin, uppmjukat

225 g/8 oz/1 kopp socker (mycket fint).

3 ägg, separerade

450 g/1 pund/4 koppar vanligt mjöl (allt för ändamål).

En nypa salt

5 ml/1 tesked bikarbonat läsk (bakpulver)

120 ml/4 ml oz/½ kopp mjölk

225 g/8 oz/2/3 kopp persikosylt (på burk)

Rör ihop smör eller margarin och socker. Vispa gradvis i äggulorna och tillsätt sedan mjöl och salt. Blanda bikarbonatet av läsk med mjölken, blanda sedan i kakmixen och sedan sylten. Vispa äggvitorna tills de blir styva och vänd sedan ner dem i blandningen. Släpp två skedar i smorda och klädda 23 cm/9 kakformar (formar) och grädda i en ugn som är förvärmd till 180°C/350°F/gasmark 4 i 25 minuter tills de fått fin färg och har elasticitet vid beröring.

Apelsin och Marsala tårta

Gör en 23cm/9 tårta

175 g/6 oz/1 kopp sultanor (russin)

120 ml/4 ml oz/½ kopp Marsala

175 g/6 oz/¾ kopp smör eller margarin, mjukat

100 g/4 oz/½ kopp mjukt farinsocker

225 g/8 oz/1 kopp socker (mycket fint).

3 lätt uppvispade ägg

Finrivet skal av 1 apelsin

5 ml/1 tsk apelsinblomvatten

275 g/10 oz/2½ koppar vanligt mjöl (all-purpose)

10 ml/2 tsk bikarbonatsoda (bakpulver)

En nypa salt

375 ml/13 ml oz/1½ koppar kärnmjölk

Apelsin gräddlikör

Blötlägg sultanerna i Marsala över natten.

Rör ihop smöret eller margarinet och sockret tills det blir ljust och fluffigt. Vispa gradvis i äggen och blanda sedan i apelsinzest och apelsinblomsvatten. Sikta i mjöl, bikarbonat av läsk och salt växelvis med kärnmjölken. Rör ner de blötlagda sultanerna och Marsala. Släpp två matskedar smord och fodrad 23cm/9 kakform (bricka) och grädda i en förvärmd ugn vid 180°C/350°F/gas 4 i 35 minuter tills den är fjädrande vid beröring och börjar höja den krymper från sidorna. av burkar. Låt svalna i formen i 10 minuter innan du vänder ut på galler för att avsluta kylningen.

Smörgå ihop kakorna med hälften av apelsinlikörkrämen och bred sedan den återstående grädden ovanpå.

Persika och päronkaka

Gör en 23cm/9 tårta

175 g/6 oz/¾ kopp smör eller margarin, mjukat

150 g/5 oz/2/3 kopp socker (mycket fint).

2 lätt uppvispade ägg

75 g/3 oz/¾ kopp fullkornsmjöl (helvete).

75 g/3 oz/¾ kopp vanligt mjöl (alltså).

10 ml/2 tsk bakpulver

15 ml/1 matsked mjölk

2 persikor, stenade (stenade), skalade och skivade

2 päron, skalade, urkärnade och skivade

30 ml/2 msk pulveriserat (konfektyr) socker, siktat

Rör ihop smöret eller margarinet och sockret tills det blir ljust och pösigt. Vispa gradvis i äggen, tillsätt sedan mjölet och bakpulvret, tillsätt mjölken för att ge blandningen en drypande konsistens. Vänd ner persikorna och päronen. Fördela blandningen i en smord och skedfodrad 23 cm/9 form och grädda i en förvärmd ugn vid 190°C/375°F/gasmark 5 i 1 timme tills den fått fin färg och fjädrande vid beröring. Låt svalna i formen i 10 minuter innan du vänder ut på galler för att avsluta kylningen. Strö över strösocker före servering.

Fuktig ananastårta

Gör en 20cm/8 tårta

100 g/4 oz/½ kopp smör eller margarin

350 g/12 oz/2 koppar blandad torkad frukt (fruktkakamix)

225 g/8 oz/1 kopp mjukt farinsocker

5 ml/1 tsk mald blandad krydda (äppelpaj).

5 ml/1 tesked bikarbonat läsk (bakpulver)

425 g/15 oz/1 stor burk krossad osötad ananas, avrunnen

225 g/8 oz/2 koppar självhöjande mjöl

2 ägg, vispade

Lägg alla ingredienser utom mjöl och ägg i en kastrull och värm försiktigt till kokpunkten, rör om väl. Sjud stadigt i 3 minuter och låt sedan blandningen svalna helt. Häll i mjölet och blanda sedan gradvis i äggen. Häll blandningen i en smord och fodrad 20cm/8 kakform och grädda i en förvärmd ugn vid 180°C/350°F/gas 4 i 1½–1¾ timmar tills den är väl puffad och stelnar vid beröring. Låt svalna i pannan.

Ananas och körsbärskaka

Gör en 20cm/8 tårta

100 g/4 oz/½ kopp smör eller margarin, uppmjukat

100 g/4 oz/1 kopp socker (mycket fint).

2 ägg, vispade

225 g/8 oz/2 koppar självhöjande mjöl

2,5 ml/½ tesked bakpulver

2,5 ml/½ tesked mald kanel

175 g/6 oz/1 kopp sultanor (russin)

25 g/1 oz/2 msk glace körsbär (kanderade).

400 g/14 oz/1 stor burk ananas, avrunnen och hackad

30 ml/2 msk konjak eller rom

Florsocker (konfektyr), siktat, för att pudra

Rör ihop smöret eller margarinet och sockret tills det blir ljust och pösigt. Vispa gradvis i äggen och tillsätt sedan mjöl, bakpulver och kanel. Blanda försiktigt i resten av ingredienserna. Häll upp blandningen i en smord och fodrad 20 cm/8 form och grädda i en förvärmd ugn vid 160°C/325°F/gasmark 3 i 1½ timme tills ett spett som sticks in i mitten kommer ut rent. Låt svalna och servera sedan pudrad med strösocker.

Natal ananastårta

Gör en 23cm/9 tårta

50 g/2 oz/¼ kopp smör eller margarin

100 g/4 oz/½ kopp socker (mycket fint).

1 lätt uppvispat ägg

150 g/5 oz/1¼ koppar självhöjande mjöl

En nypa salt

120 ml/4 ml oz/½ kopp mjölk

För toppen:
100 g färsk eller konserverad ananas, grovt hackad

1 ätit äpple (efterrätt), skalat, skuret och grovt rivet

120 ml/4 ml oz/½ kopp apelsinjuice

15 ml/1 matsked citronsaft

100 g/4 oz/½ kopp socker (mycket fint).

5 ml/1 tsk mald kanel

Smält smöret eller margarinet och vispa sedan med sockret och ägget tills det skummar. Vispa i mjöl och salt växelvis med mjölken till en deg. Häll upp i en smord och fodrad 23 cm/9 form och grädda i en förvärmd ugn vid 180°C/350°F/gas 4 i 25 minuter tills de är gyllene och spänstiga.

Koka upp alla ovanstående ingredienser och låt sjuda i 10 minuter. Skeda över den varma kakan och stek (koka) tills ananasen börjar få färg. Kyl innan servering varm eller kall.

Ananas upp och ner

Gör en 20cm/8 tårta

175 g/6 oz/¾ kopp smör eller margarin, mjukat

175 g/6 oz/¾ kopp mjukt farinsocker

400 g/14 oz/1 stor burk ananasskivor, avrunna och saft reserverad

4 glace körsbär (kanderade), halverade

2 ägg

100 g/4 oz/1 kopp självhöjande mjöl

Grädde 75 g/3 oz/1/3 kopp smör eller margarin med 75 g/3 oz/1/3 kopp socker tills det är ljust och fluffigt och fördela över basen av en smord 20 cm/8 i kakform (panna). Ordna ananasskivorna ovanpå och täck med körsbär, rundade sidor nedåt. Rör ihop det återstående smöret eller margarinet och sockret och vispa sedan i äggen gradvis. Rör ner mjölet och 30 ml/2 msk av den reserverade ananasjuicen. Häll i ananasen och grädda i en förvärmd ugn på 180°C/350°F/gas 4 i 45 minuter tills den är fast vid beröring. Låt svalna i pannan i 5 minuter, ta sedan försiktigt bort från formen och vänd ut på ett galler för att svalna.

Ananas och valnötskaka

Gör en 23cm/9 tårta

225 g/8 oz/1 kopp smör eller margarin, uppmjukat

225 g/8 oz/1 kopp socker (mycket fint).

5 ägg

350 g/12 oz/3 koppar vanligt (all-purpose) mjöl.

100 g/4 oz/1 kopp valnötter, grovt hackade

100 g/4 oz/2/3 kopp glace (sötad) ananas, hackad

Lite mjölk

Rör ihop smöret eller margarinet och sockret tills det blir ljust och pösigt. Vispa gradvis i äggen, vänd sedan ner mjöl, valnötter och ananas, tillsätt tillräckligt med mjölk för att få en duggande konsistens. Häll upp i en smord och fodrad 23 cm/9 form och grädda i en förvärmd ugn vid 150°C/300°F/gasmark 2 i 1½ timme tills ett spett som sticks in i mitten kommer ut rent. .

Hallontårta

Gör en 20cm/8 tårta

100 g/4 oz/½ kopp smör eller margarin, uppmjukat

200g/7oz/ knappa 1 kopp socker (mycket fint).

2 lätt uppvispade ägg

250 ml/8 ml oz/1 kopp gräddfil (gräddfil).

5 ml/1 tsk vaniljessens (extrakt)

250 g/9 oz/2¼ koppar vanligt (all-purpose) mjöl.

5 ml/1 tsk bakpulver

5 ml/1 tesked bikarbonat läsk (bakpulver)

5 ml/1 sked kakao (sockerfri choklad).

2,5 ml/½ tsk salt

100 g/4 oz frysta färska eller tinade hallon

För toppen:

30 ml/2 msk socker (superfint).

5 ml/1 tsk mald kanel

Rör ihop smör eller margarin och socker. Vispa gradvis ner äggen, sedan gräddfilen och vaniljessensen. Sikta i mjöl, bakpulver, bikarbonat, kakao och salt. Vänd ner hallonen. Häll upp i en smord 20 cm/8 form. Blanda socker och kanel och strö över kakan. Grädda i en förvärmd ugn vid 200°C/400°F/gas 4 i 35 minuter tills de är gyllenbruna och ett spett som sticks in i mitten kommer ut rent. Strö över socker blandat med kanel.

Rabarberkaka

Gör en 20cm/8 tårta

225 g/8 oz/2 koppar fullkornsmjöl (helvete).

10 ml/2 tsk bakpulver

10 ml/2 tsk mald kanel

45 ml/3 skedar ren honung

175 g/6 oz/1 kopp sultanor (russin)

2 ägg

150 ml/¼ pt/2/3 kopp mjölk

225 g/8 oz rabarber, hackad

30 ml/2 msk demerara socker

Blanda alla ingredienser utom rabarber och socker. Släpp rabarbern och lägg i en smord och mjölad 20cm/8 i ugnsform (plåt). Strö över socker. Grädda i en förvärmd ugn vid 180°C/350°F/gas 4 i 45 minuter tills den stelnar. Låt svalna i pannan i 10 minuter innan du vänder ut.

Honungsrabarbertårta

Gör två 450g/1lb kakor

250 g/9 oz/2/3 kopp ren honung

120 ml/4 ml oz/½ kopp olja

1 lätt uppvispat ägg

15 ml/1 matsked bikarbonatsoda (bakpulver)

150 ml/¼ pt/2/3 kopp vanlig yoghurt

75 ml/5 msk vatten

350 g/12 oz/3 koppar vanligt (all-purpose) mjöl.

10 ml/2 matskedar salt

350g/12oz rabarber, finhackad

5 ml/1 tsk vaniljessens (extrakt)

50 g/2 oz/½ kopp hackade blandade nötter

För toppen:
75 g/3 oz/1/3 kopp mjukt farinsocker

5 ml/1 tsk mald kanel

15 ml/1 matsked smält smör eller margarin

Blanda ihop honung och olja och vispa sedan i ägget. Rör ner bikarbonatet av soda i yoghurten och vattnet tills det lösts upp. Blanda mjöl och salt och tillsätt till honungsblandningen växelvis med yoghurten. Blanda i rabarbern, vaniljessensen och valnötterna. Häll upp i två smorda och fodrade 450g/1lb-formar. Blanda ihop ingredienserna till toppingen och strö över kakorna. Grädda i en förvärmd ugn vid 160°C/325°F/gas 3 i 1 timme tills den är fast vid beröring och gyllene på toppen. Låt svalna i formarna i 10 minuter, vänd sedan upp på ett galler för att avsluta kylningen.

Rödbetskaka

Gör en 20cm/8 tårta

250 g/9 oz/1¼ koppar vanligt (all-purpose) mjöl.

15 ml/1 matsked bakpulver

5 ml/1 tsk mald kanel

En nypa salt

150 ml/8 ml oz/1 kopp olja

300g/11oz/11/3 koppar socker (mycket fint).

3 ägg, separerade

150 g rå rödbetor, skalade och grovt rivna

150 g/5 oz morötter, grovt hackade

100 g/4 oz/1 kopp hackade blandade nötter

Blanda ihop mjöl, bakpulver, kanel och salt. Vispa olja och socker. Vispa äggulor, rödbetor, morötter och valnötter. Vispa äggvitorna tills de blir hårda och vänd sedan ner dem i blandningen med en metallsked. Häll upp blandningen i en smord och fodrad 20 cm/8 form och grädda i en förvärmd ugn vid 180°C/350°F/gas 4 i 1 timme tills den blir spänstig.

Morot och banankaka

Gör en 20cm/8 tårta

175 g/6 oz morötter, strimlade

2 bananer, rivna

75 g/3 oz/½ kopp sultanor (russin)

50 g/2 oz/½ kopp hackade blandade nötter

175 g/6 oz/1½ koppar självhöjande mjöl

5 ml/1 tsk bakpulver

5 ml/1 tsk mald blandad krydda (äppelpaj).

Saft och rivet skal av 1 apelsin

2 ägg, vispade

75 g/3 oz/1/2 kopp lätt muscovadosocker

100 ml/31/2 floz/ knappa 1/2 kopp solrosolja

Blanda alla ingredienser tills det är väl blandat. Häll upp i en smord och klädd 20 cm/8 kakform (kakform) och grädda i en förvärmd ugn vid 180°C/350°F/gasmark 4 i 1 timme tills ett spett i mitten kommer ut rent.

Morot och äppelkaka

Gör en 23cm/9 tårta

250 g/9 oz/2¼ koppar självhöjande mjöl

5 ml/1 tesked bikarbonat läsk (bakpulver)

5 ml/1 tsk mald kanel

175 g/6 oz/¾ kopp mjukt farinsocker

Finrivet skal av 1 apelsin

3 ägg

200 ml/7 ml oz/lite 1 kopp olja

150 g/5 oz ätande (dessert) äpplen, skalade, urkärnade och hackade

150 g/5 oz morötter, strimlade

100 g/4 oz/2/3 kopp färdiga att äta torkade aprikoser, hackade

100 g/4 oz/1 kopp valnötter eller pekannötter, hackade

Blanda samman mjöl, bakpulver och kanel och blanda sedan i socker och apelsinskal. Vispa äggen i oljan och rör sedan ner äpplet, morötterna och två tredjedelar av aprikoserna och valnötterna. Häll mjölblandningen och häll den i en smord och klädd 23cm/9 i ugnsform (plåt). Strö över resterande hackade aprikoser och valnötter. Grädda i en förvärmd ugn vid 180°C/350°F/gas 4 i 30 minuter tills den stelnar. Låt svalna något i pannan och överför sedan till ett galler för att avsluta kylningen.

Morots- och kanelkaka

Gör en 20cm/8 tårta

100 g/4 oz/1 kopp fullkornsmjöl (helvete).

100 g/4 oz/1 kopp vanligt mjöl (allt för ändamål).

15 ml/1 msk mald kanel

5 ml/1 sked mald muskotnöt

10 ml/2 tsk bakpulver

100 g/4 oz/½ kopp smör eller margarin

100 g/4 oz/1/3 kopp ren honung

100 g/4 oz/½ kopp mjukt farinsocker

225 g/8 oz morötter, strimlade

Blanda ihop mjöl, kanel, muskotnöt och bakpulver i en skål. Smält smöret eller margarinet med honung och socker och rör sedan ner i mjölet. Rör ner morötterna och blanda väl. Häll upp i en smord och fodrad 20 cm/8 form och grädda i en förvärmd ugn vid 160°C/325°F/gas 3 i 1 timme tills ett spett som sticks in i mitten kommer ut rent. Låt svalna i pannan i 10 minuter, vänd sedan upp på ett galler för att avsluta kylningen.

Morots- och pumpakaka

Gör en 23cm/9 tårta

2 ägg

175 g/6 oz/¾ kopp mjukt farinsocker

100 g/4 oz morötter, strimlade

50 g/2 oz Zucchini (zucchini), hackad

75 ml/5 msk olja

225 g/8 oz/2 koppar självhöjande mjöl

2,5 ml/½ tesked bakpulver

5 ml/1 tsk mald blandad krydda (äppelpaj).

Gräddost färskost

Blanda ihop ägg, socker, morötter, pumpa och olja. Häll i mjöl, bakpulver och blandade kryddor och blanda till en slät smet. Häll upp i en smord och fodrad 23 cm/9 form och grädda i en förvärmd ugn vid 180°C/350°F/gasmarkering 4 i 30 minuter tills ett spett som sticks in i mitten kommer ut rent. Låt svalna och sprid sedan med cream cheese frosting.

Morot och ingefära kaka

Gör en 20cm/8 tårta

175 g/6 oz/2/3 kopp smör eller margarin

100 g/4 oz/1/3 kopp gyllene sirap (lätt majs).

120 ml/4 ml oz/½ kopp vatten

100 g/4 oz/½ kopp mjukt farinsocker

150 g/5 oz morötter, grovt hackade

5 ml/1 tesked bikarbonat läsk (bakpulver)

200g/7oz/1¾ kopp vanligt (all-purpose) mjöl.

100 g/4 oz/1 kopp självhöjande mjöl

5 ml/1 msk mald ingefära

En nypa salt

För grädden (brica):

175 g/6 oz/1 kopp pulveriserat (konditor) socker, siktat

5 ml/1 msk mjukat smör eller margarin

30 ml/2 msk citronsaft

Smält smöret eller margarinet med sirap, vatten och socker och låt sedan koka upp. Ta av från värmen och rör ner morötter och bakpulver. Låt det svalna. Blanda mjöl, ingefära och salt, häll upp i en smord 20 cm/8 form och grädda i en förvärmd ugn på 180°C/350°F/gas 4 i 45 minuter tills de fått fin färg och spänstiga. beröringen. Häll av och låt svalna.

Blanda strösockret med smöret eller margarinet och tillräckligt med citronsaft för att göra en vaniljsås. Skär kakan på mitten horisontellt, använd sedan hälften av grädden för att föra ihop kakan och fördela resten ovanpå.

Morot och valnötskaka

Gör en 18cm/7 tårta

2 stora ägg, separerade

150 g/5 oz/2/3 kopp socker (mycket fint).

225 g/8 oz morötter, strimlade

150 g/5 oz/1¼ kopp hackade blandade nötter

10 ml/2 tsk rivet citronskal

50 g/2 oz/½ kopp vanligt mjöl (alltså).

2,5 ml/½ tesked bakpulver

Vispa ihop äggulor och socker tills det blir tjockt och krämigt. Häll i morötter, valnötter och citronskal och tillsätt sedan mjöl och bakpulver. Vispa äggvitorna tills de bildar mjuka toppar, vänd sedan ner dem i blandningen. Vänd den till en 19 cm/7 smord form (panna). Grädda i en förvärmd ugn på 180°C/350°F/gas 4 i 40–45 minuter tills ett spett som sticks in i mitten kommer ut rent.

Morots-, apelsin- och valnötskaka

Gör en 20cm/8 tårta

100 g/4 oz/½ kopp smör eller margarin, uppmjukat

100 g/4 oz/½ kopp mjukt farinsocker

5 ml/1 tsk mald kanel

5 ml/1 tsk rivet apelsinskal

2 lätt uppvispade ägg

15 ml/1 msk apelsinjuice

100g/4oz morötter, fint hackade

50 g/2 oz/½ kopp hackade blandade nötter

225 g/8 oz/2 koppar självhöjande mjöl

5 ml/1 tsk bakpulver

Rör ihop smör eller margarin, socker, kanel och apelsinskal tills det blir ljust och pösigt. Vispa gradvis i ägg och apelsinjuice och tillsätt sedan morötter, valnötter, mjöl och bakpulver. Häll upp i en smord och klädd 20 cm/8 form och grädda i en förvärmd ugn vid 180°C/350°F/gasmark 4 i 45 minuter tills den är spänstig.

Morot, ananas och kokos kaka

Gör en 25 cm/10 tårta

3 ägg

350 g/12 oz/1½ koppar socker (mycket fint).

300 ml/½ pt/1¼ kopp olja

5 ml/1 tsk vaniljessens (extrakt)

225 g/8 oz/2 koppar vanligt (all-purpose) mjöl.

5 ml/1 tesked bikarbonat läsk (bakpulver)

10 ml/2 tsk mald kanel

5 ml/1 sked salt

225 g/8 oz morötter, strimlade

100g/4oz konserverad ananas, avrunnen och krossad

100 g/4 oz/1 kopp torkad kokosnöt (strimlad).

100 g/4 oz/1 kopp hackade blandade nötter

Pulveriserat (konfektyr) socker, siktat, för strö

Vispa ihop ägg, socker, olja och vaniljsaft. Blanda samman mjöl, bikarbonat av läsk, kanel och salt och häll gradvis i blandningen. Vänd ner morötter, ananas, kokos och valnötter. Häll upp i en smord och mjölad 25 cm/10 kakform (panna) och grädda i en förvärmd ugn vid 160°C/325°F/gas 3 i 1¼ timme tills ett spett som sticks in i mitten kommer ut rent. Kom ut rent. Låt svalna i formen i 10 minuter innan du vänder ut på galler för att avsluta kylningen. Strö över strösocker före servering.

Morot och pistagekaka

Gör en 23cm/9 tårta

100 g/4 oz/½ kopp smör eller margarin, uppmjukat

100 g/4 oz/½ kopp socker (mycket fint).

2 ägg

225 g/8 oz/2 koppar vanligt (all-purpose) mjöl.

5 ml/1 tesked bikarbonat läsk (bakpulver)

5 ml/1 msk mald kardemumma

225 g/8 oz morötter, strimlade

50 g/2 oz/½ kopp pistagenötter, hackade

50 g/2 oz/½ kopp mald mandel

100 g/4 oz/2/3 kopp sultanor (russin)

Rör ihop smöret eller margarinet och sockret tills det blir ljust och pösigt. Vispa gradvis i äggen, vispa ordentligt efter varje tillsats, tillsätt sedan mjöl, bikarbonat och kardemumma. Blanda i morötter, valnötter, mald mandel och russin. Häll upp blandningen i en smord och fodrad 23 cm/9 form och grädda i en förvärmd ugn vid 180°C/350°F/gas 4 i 40 minuter tills den är väl brynt, gyllene och blir elastisk vid beröring.

Morot och valnötskaka

Gör en 23cm/9 tårta

200 ml/7 ml oz/lite 1 kopp olja

4 ägg

225 g/8 oz/2/3 kopp ren honung

225 g/8 oz/2 koppar fullkornsmjöl (helvete).

10 ml/2 tsk bakpulver

2,5 ml/½ tesked bikarbonatsoda (bakpulver)

En nypa salt

5 ml/1 tsk vaniljessens (extrakt)

175 g/6 oz morötter, grovt hackade

175 g/6 oz/1 kopp russin

100 g/4 oz/1 kopp valnötter, finhackade

Blanda ihop olja, ägg och honung. Blanda gradvis i alla återstående ingredienser och vispa tills det är väl blandat. Häll upp i en smord och mjölad 23 cm/9 kakform (tårta) och grädda i en förvärmd ugn vid 180°C/350°F/gas 4 i 1 timme tills ett spett som sticks in i mitten kommer ut rent.

Kryddad morotskaka

Gör en 18cm/7 tårta

175 g/6 oz/1 kopp dadlar

120 ml/4 ml oz/½ kopp vatten

175 g/6 oz/¾ kopp smör eller margarin, mjukat

2 lätt uppvispade ägg

225 g/8 oz/2 koppar självhöjande mjöl

175 g/6 oz morötter, fint hackade

25 g/1 oz/¼ kopp mald mandel

Rivet skal av 1 apelsin

2,5 ml/½ tsk mald blandad krydda (äppelpaj).

2,5 ml/½ tesked mald kanel

2,5 ml/½ tsk mald ingefära

För grädden (brica):
350 g/12 oz/1½ kopp kvarg

25 g/1 oz/2 msk smör eller margarin, uppmjukat

Rivet skal av 1 apelsin

Lägg dadlarna och vattnet i en liten kastrull, låt koka upp och låt sjuda i 10 minuter tills de är mjuka. Ta bort och släng stenarna (gropar), finhacka sedan dadlarna. Blanda ihop dadlar och juice, smör eller margarin och ägg tills det blir krämigt. Vänd i alla resterande tårtingredienser. Häll blandningen i en smord och fodrad 18 cm/7 form och grädda i en förvärmd ugn vid 180°C/350°F/gas 4 i 1 timme tills ett spett som sticks in i mitten kommer ut rent. Låt svalna i formen i 10 minuter innan du vänder ut på galler för att avsluta kylningen.

För att göra grädden, vispa ihop alla ingredienser tills du har en bredbar konsistens, tillsätt lite mer apelsinjuice eller vatten om det behövs. Skär kakan på mitten horisontellt, lägg lagren tillsammans med hälften av grädden och bred ut resten ovanpå.

Morot och farinsockerkaka

Gör en 18cm/7 tårta

5 delade ägg

200g/7oz/ knappa 1 kopp mjukt farinsocker

15 ml/1 matsked citronsaft

300g/10oz morötter, rivna

225 g/8 oz/2 koppar mald mandel

25 g/1 oz/¼ kopp fullkornsmjöl (helvete).

5 ml/1 tsk mald kanel

25 g/1 oz/2 msk smör eller margarin, smält

25 g/1 oz/2 msk socker (superfint).

30 ml/2 skopor enkelkräm (lätt).

75 g/3 oz/¾ kopp hackade blandade nötter

Vispa äggulorna tills det blir skum, vispa sockret tills det är slätt, vispa sedan i citronsaften. Tillsätt en tredjedel av morötterna, sedan en tredjedel av mandeln och fortsätt tills allt är kombinerat. Rör ner mjöl och kanel. Vispa äggvitorna tills de blir styva och vänd sedan ner i blandningen med en metallsked. Vänd till en smord och fodrad 18 cm/7 djup kakform (bricka) och grädda i en förvärmd ugn vid 180°C/350°F/gas 4 i 1 timme. Täck kakan löst med smörpapper (vax) och sänk ugnstemperaturen till 160°C/325°F/gasmarkering 3 i ytterligare 15 minuter eller tills kakan har krympt något från sidorna av formen och mitten är stilla. fuktig. . Låt kakan stå i formen tills den är varm, låt den sedan svalna.

Kombinera det smälta smöret eller margarinet, sockret, grädden och nötterna, häll över kakan och tillaga under medelstor grill (broiler) tills den är gyllenbrun.

Tårta med pumpa och ärtor

Gör en 20cm/8 tårta

225 g/8 oz/1 kopp socker (mycket fint).

2 ägg, vispade

120 ml/4 ml oz/½ kopp olja

100 g/4 oz/1 kopp vanligt mjöl (allt för ändamål).

5 ml/1 tsk bakpulver

2,5 ml/½ tesked bikarbonatsoda (bakpulver)

2,5 ml/½ tsk salt

100 g zucchini (zucchini), hackad

100g/4oz krossad ananas

50 g/2 oz/½ kopp valnötter, hackade

5 ml/1 tsk vaniljessens (extrakt)

Vispa samman sockret och äggen tills det är blekt och väl blandat. Slå i oljan och sedan de torra ingredienserna. Blanda pumpor, ananas, valnötter och vaniljessens. Häll upp i en smord och mjölad 20 cm/8 tums kakform och grädda i en förvärmd ugn vid 180°C/350°F/gas 4 i 1 timme tills ett spett som sticks in i mitten kommer ut rent. Låt svalna i formen i 30 minuter innan du vänder ut på galler för att avsluta kylningen.

Pumpa och apelsinkaka

Gör en 25 cm/10 tårta

225 g/8 oz/1 kopp smör eller margarin, uppmjukat

450 g/1 pund/2 koppar mjukt farinsocker

4 lätt uppvispade ägg

275 g/10 oz/2½ koppar vanligt mjöl (all-purpose)

15 ml/1 matsked bakpulver

2,5 ml/½ tsk salt

5 ml/1 tsk mald kanel

2,5 ml/½ tsk mald muskotnöt

En nypa mald kryddnejlika

Rivet skal och saft av 1 apelsin

225 g/8 oz/2 koppar zucchini (zucchini), hackad

Rör ihop smöret eller margarinet och sockret tills det blir ljust och pösigt. Vispa gradvis i äggen och tillsätt sedan mjöl, bakpulver, salt och kryddor omväxlande med apelsinskal och juice. Vi blandar dem med pumpor. Häll upp i en smord och fodrad 25 cm/10 form och grädda i en förvärmd ugn vid 180°C/350°F/gas 4 i 1 timme tills den är gyllenbrun och spänstig i färgen. Om toppen börjar bryna för mycket i slutet av gräddningen, täck med smörfast (vaxat) papper.

Pumpa tårta med kryddor

Gör en 25 cm/10 tårta

350 g/12 oz/3 koppar vanligt (all-purpose) mjöl.

10 ml/2 tsk bakpulver

7,5 ml/1½ tsk mald kanel

5 ml/1 tesked bikarbonat läsk (bakpulver)

2,5 ml/½ tsk salt

8 äggvitor

450 g/1 pund/2 koppar socker (mycket fint).

100 g/4 oz/1 kopp äppelmos (sås)

120 ml/4 ml oz/½ kopp kärnmjölk

15 ml/1 sked vaniljessens (extrakt)

5 ml/1 tsk finrivet apelsinskal

350 g/12 oz/3 koppar zucchini (zucchini), hackad

75 g/3 oz/¾ kopp valnötter, hackade

För toppen:

100 g/4 oz/½ kopp färskost

25 g/1 oz/2 msk smör eller margarin, uppmjukat

5 ml/1 tsk finrivet apelsinskal

10 ml/2 tsk apelsinjuice

350 g/12 oz/2 koppar pulveriserat (konditors) socker, siktat

Blanda ihop de torra ingredienserna. Vispa äggvitorna tills det bildas mjuka toppar. Vispa långsamt i sockret, sedan äppelmos, kärnmjölk, vaniljessens och apelsinskal. Rör ner mjölblandningen, sedan pumpan och valnötterna. Häll upp i en smord och mjölad

25cm/10 kakform (tårta) och grädda i en förvärmd ugn vid 150°C/300°F/gas 2 i 1 timme tills ett spett som sticks in i mitten kommer ut rent. Låt svalna i pannan.

Vispa ihop alla ovanstående ingredienser till en jämn smet, tillsätt tillräckligt med socker för att få en bredbar konsistens. Bred ut över den avsvalnade kakan.

Pumpa tårta

Gör en tårta 23 x 33 cm/9 x 13

450 g/1 pund/2 koppar socker (mycket fint).

4 uppvispade ägg

375 ml/13 ml oz/1½ koppar olja

350 g/12 oz/3 koppar vanligt (all-purpose) mjöl.

15 ml/1 matsked bakpulver

10 ml/2 tsk bikarbonatsoda (bakpulver)

10 ml/2 tsk mald kanel

2,5 ml/½ tsk mald ingefära

En nypa salt

225 g/8 oz tärnad kokt pumpa

100 g/4 oz/1 kopp valnötter, hackade

Vispa ihop sockret och äggen tills det är väl blandat, vispa sedan i oljan. Blanda resten av ingredienserna. Häll upp i en smord och mjölad 23 x 33 cm/9 x 13 form (bricka) och grädda i en förvärmd ugn vid 180°C/350°F/gasmark 4 i 1 timme tills det har höjts med ett spett i mitten. rena.

Pumpafruktkaka

Gör en 20cm/8 tårta

100 g/4 oz/½ kopp smör eller margarin, uppmjukat

150 g/5 oz/2/3 kopp mjukt farinsocker

2 lätt uppvispade ägg

225g/8oz kallkokt pumpa

30 ml/2 msk gyllene sirap (ljus majs).

225 g/8 oz 1/1/3 kopp blandad torkad frukt (fruktkakamix)

225 g/8 oz/2 koppar självhöjande mjöl

50 g/2 oz/½ kopp kli

Rör ihop smöret eller margarinet och sockret tills det blir ljust och pösigt. Vispa gradvis upp äggen och tillsätt sedan resten av ingredienserna. Häll upp i en smord och klädd 20 cm/8 kakform (tårta) och grädda i en förvärmd ugn vid 160°C/325°F/gas 3 i 1¼ timme tills ett spett i mitten kommer ut rent.

Rulla med pumpakrydda

Gör en 30cm/12 i rulle

75 g/3 oz/¾ kopp vanligt mjöl (alltså).

5 ml/1 tesked bikarbonat läsk (bakpulver)

5 ml/1 msk mald ingefära

2,5 ml/½ tsk mald muskotnöt

10 ml/2 tsk mald kanel

En nypa salt

1 ägg

225 g/8 oz/1 kopp socker (mycket fint).

100 g/4 oz kokt pumpa, tärnad

5 ml/1 tsk citronsaft

4 äggvitor

50 g/2 oz/½ kopp valnötter, hackade

50 g/2 oz/1/3 kopp pulveriserat (konditor) socker, siktat

För fyllningen:
175 g/6 oz/1 kopp pulveriserat (konditor) socker, siktat

100 g/4 oz/½ kopp färskost

2,5 ml/½ tsk vaniljessens (extrakt)

Blanda samman mjöl, bikarbonat av läsk, kryddor och salt. Vispa ägget tjockt och blekt, vispa sedan i sockret tills det blir blekt och krämigt. Blanda pumpan och citronsaften. Häll i mjölblandningen. I en ren skål, vispa äggvitan tills den blir hård. Häll i kakmixen och bred ut i en smord och fodrad 30 x 12 cm/12 x 8 rullform (geléform) och strö över valnötter. Grädda i en förvärmd ugn på 190°C/375°F/gas 5 i 10 minuter tills de rör vid varandra. Sikta strösockret på en ren kökshandduk (disktrasa) och vänd upp kakan på handduken. Ta bort foderpappret och kavla ut kakan och handduken och låt sedan svalna.

För att göra fyllningen, vispa gradvis ner sockret i färskosten och vaniljessensen tills du har en fluffig blandning. Packa upp kakan och bred ut fyllningen ovanpå. Rulla kakan igen och svalna innan servering pudrad med lite florsocker.

Rabarber och honungstårta

Gör två 450g/1lb kakor

250 g/9 oz/¾ kopp ren honung

100 ml/4 ml oz/½ kopp olja

1 ägg

5 ml/1 tesked bikarbonat läsk (bakpulver)

60 ml/4 msk vatten

350 g/12 oz/3 koppar fullkornsmjöl (fullkornsvete).

10 ml/2 matskedar salt

350g/12oz rabarber, finhackad

5 ml/1 tsk vaniljessens (extrakt)

50 g/2 oz/½ kopp hackade blandade nötter (valfritt)

För toppen:
75 g/3 oz/1/3 kopp muscovadosocker

5 ml/1 tsk mald kanel

15 g/½ oz/1 msk smör eller margarin, uppmjukat

Blanda ihop honung och olja. Tillsätt ägget och vispa väl. Tillsätt bikarbonat av soda i vattnet och låt det lösas upp. Blanda ihop mjöl och salt. Tillsätt till honungsblandningen växelvis med bikarbonat- eller sodablandningen. Blanda i rabarber, vaniljessens och valnötter, om du använder. Häll i två smorda 450g/1lb-formar (brickor). Blanda ihop ovanstående ingredienser och fördela över tårtblandningen. Grädda i en förvärmd ugn vid 180°C/350°F/gas 4 i 1 timme tills den är spänstig.

Sötpotatistårta

Gör en 23cm/9 tårta

300g/11oz/2¾ koppar vanligt mjöl (all-purpose)

15 ml/1 matsked bakpulver

5 ml/1 tsk mald kanel

5 ml/1 sked mald muskotnöt

En nypa salt

350 g/12 oz/1¾ kopp socker (mycket fint).

375 ml/13 ml oz/1½ koppar olja

60 ml/4 matskedar kokt vatten

4 delade ägg

225g/8oz sötpotatis, skalad och grovt hackad

100 g/4 oz/1 kopp hackade blandade nötter

5 ml/1 tsk vaniljessens (extrakt)

För grädden (brica):

225 g/8 oz/11/3 koppar pulveriserat (konditor) socker, siktat

50 g/2 oz/¼ kopp smör eller margarin, mjukat

250 g/9 oz/1 medium tub färskost

50 g/2 oz/½ kopp hackade blandade nötter

En nypa mald kanel att strö över

Blanda samman mjöl, bakpulver, kanel, muskotnöt och salt. Vispa samman socker och olja, tillsätt sedan det kokande vattnet och vispa tills det är väl blandat. Tillsätt äggulorna och mjölblandningen och blanda tills det är väl blandat. Rör ner sötpotatisen, valnötterna och vaniljessensen. Vispa äggvitorna tills de blir styva och vänd sedan ner dem i blandningen. Häll upp i två smorda och mjölade 23 cm/9 kakformar (formar) och grädda i en förvärmd ugn vid 180°C/350°F/gasmark 4 i 40 minuter tills de är spänstiga. Låt svalna i pannan i 5 minuter, vänd sedan ut på ett galler för att avsluta kylningen.

Blanda ihop strösocker, smör eller margarin och hälften av färskosten. Bred hälften av den återstående färskosten över en kaka, bred sedan grädden över osten. Smörgåstårtor tillsammans. Fördela resterande grädde ovanpå och strö över nötter och kanel innan servering.

Italiensk tårta med mandel

Gör en 20cm/8 tårta

1 ägg

150 ml/¼ pt/2/3 kopp mjölk

2,5 ml/½ tsk mandelessens (extrakt)

45 ml/3 msk smör, smält

350 g/12 oz/3 koppar vanligt (all-purpose) mjöl.

100 g/4 oz/½ kopp socker (mycket fint).

10 ml/2 tsk bakpulver

2,5 ml/½ tsk salt

1 äggvita

100 g/4 oz/1 kopp mandel, hackad

Vispa ägget i en skål och tillsätt sedan mjölken, mandelessensen och det smälta smöret gradvis, vispa hela tiden. Tillsätt mjöl, socker, bakpulver och salt och fortsätt mixa tills det är slätt. Häll upp i en smord och klädd 20 cm/8 form. Vispa äggvitorna till skum, pensla sedan över kakan och strö över mandel. Grädda i en förvärmd ugn vid 220°C/425°F/gas 7 i 25 minuter tills de är gyllenbruna och gyllene vid beröring.

Mandel- och kaffekaka

Gör en 23cm/9 tårta

8 delade ägg

175 g/6 oz/¾ kopp socker (mycket fint).

60 ml/4 skedar starkt svart kaffe

175 g/6 oz/1½ kopp mald mandel

45 ml/3 matskedar mannagryn (grädde av vete)

100 g/4 oz/1 kopp vanligt mjöl (allt för ändamål).

Vispa äggulor och socker mycket tjockt och krämigt. Tillsätt kaffe, mald mandel och havregryn och vispa väl. Vänd ner mjölet. Vispa äggvitorna tills de blir styva och vänd sedan ner dem i blandningen. Häll upp i en smord 23 cm/9 form (bricka) och grädda i en ugn som är förvärmd till 180°C/350°F/gasmark 4 i 45 minuter tills den är fast vid beröring.

Mandel- och honungstårta

Gör en 20cm/8 tårta

225 g/8 oz morötter, strimlade

75 g/3 oz/¾ kopp mandel, hackad

2 ägg, vispade

100 ml/4 ml oz/½ kopp ren honung

60 ml/4 msk olja

150 ml/¼ pt/2/3 kopp mjölk

150 g/5 oz/1¼ koppar fullkornsmjöl (fullkornsvete)

10 ml/2 matskedar salt

10 ml/2 tsk bikarbonatsoda (bakpulver)

15 ml/1 msk mald kanel

Blanda ihop morötter och valnötter. Vispa äggen med honung, olja och mjölk och blanda sedan ner i morotsblandningen. Sikta samman mjöl, salt, bikarbonat av läsk och kanel och rör ner i morotsblandningen. Häll upp blandningen i en smord och klädd 20 cm/8 fyrkantig form (bricka) och grädda i en förvärmd ugn vid 150°C/300°F/gas 2 i 1¾ timmar tills ett spett kommer ut rent. sätt i mitten kommer ut rent . . Låt svalna i pannan i 10 minuter innan du vänder ut.

Mandel- och citronkaka

Gör en 23cm/9 tårta

25 g/1 oz/¼ kopp skivad (hackad) mandel.

100 g/4 oz/½ kopp smör eller margarin, uppmjukat

100 g/4 oz/½ kopp mjukt farinsocker

2 ägg, vispade

100 g/4 oz/1 kopp självhöjande mjöl

Rivet skal av 1 citron

Till sirapen:
75 g/3 oz/1/3 kopp socker (mycket fint).

45–60 ml/3–4 msk citronsaft

Smörj och klä en 23 cm/9 kakform (form) och strö mandel på botten. Rör ihop smör och farinsocker. Vispa i äggen ett i taget och tillsätt sedan mjöl och citronskal. Skeda i den förberedda pannan och jämna till ytan. Grädda i en förvärmd ugn på 180°C/350°F/gas 4 i 20–25 minuter tills de fått fin färg och fjädrar vid beröring.

Värm under tiden strösockret och citronsaften i en kastrull, rör om då och då tills sockret löst sig. Ta ut kakan från ugnen och låt svalna i 2 minuter, lägg sedan på galler med botten ovanpå. Häll i sirapen och låt sedan svalna helt.

Mandelkaka med apelsin

Gör en 20cm/8 tårta

225 g/8 oz/1 kopp smör eller margarin, uppmjukat

225 g/8 oz/1 kopp socker (mycket fint).

4 delade ägg

225 g/8 oz/2 koppar vanligt (all-purpose) mjöl.

10 ml/2 tsk bakpulver

50 g/2 oz/½ kopp mald mandel

5 ml/1 tsk rivet apelsinskal

Rör ihop smöret eller margarinet och sockret tills det blir ljust och pösigt. Vispa äggulorna och vänd sedan ner mjöl, bakpulver, mald mandel och apelsinskal. Vispa äggvitorna tills de blir hårda och vänd sedan ner dem i blandningen med en metallsked. Häll upp i en smord och klädd 20 cm/8 kakform (kakform) och grädda i en förvärmd ugn vid 180°C/350°F/gasmark 4 i 1 timme tills ett spett i mitten kommer ut rent.

Rik mandelkaka

Gör en 18cm/7 tårta

100 g/4 oz/½ kopp smör eller margarin, uppmjukat

150 g/5 oz/2/3 kopp socker (mycket fint).

3 lätt uppvispade ägg

75 g/3 oz/¾ kopp mald mandel

50 g/2 oz/½ kopp vanligt mjöl (alltså).

Några droppar mandelessens (extrakt)

Rör ihop smöret eller margarinet och sockret tills det blir ljust och pösigt. Vispa gradvis i äggen och tillsätt sedan mandeln, mjölet och mandelessensen i kvarnen. Häll upp i en smord och fodrad 18 cm/7 form och grädda i en förvärmd ugn vid 180°C/350°F/gasmark 4 i 45 minuter tills den är fast vid beröring.

Svensk pastakaka

Gör en 23cm/9 tårta

100 g/4 oz/1 kopp mald mandel

75 g/3 oz/1/3 kopp strösocker

5 ml/1 tsk bakpulver

2 stora äggvitor, vispade

Blanda samman mandel, socker och bakpulver. Blanda äggvitorna tills blandningen är tjock och slät. Häll upp i en smord och fodrad 23 cm/9 form och grädda i en förvärmd ugn vid 160°C/325°F/gas 3 i 20-25 minuter tills den är gyllenbrun. Ta ut den ur formen mycket försiktigt då kakan är skör.

Kokosbröd

Gör en limpa på 450 g/1 lb

100 g/4 oz/1 kopp självhöjande mjöl

225 g/8 oz/1 kopp socker (mycket fint).

100 g/4 oz/1 kopp torkad kokosnöt (strimlad).

1 ägg

120 ml/4 ml oz/½ kopp mjölk

En nypa salt

Blanda alla ingredienser väl och häll upp i en smord och fodrad 450g/1lb form (bakform). Grädda i en förvärmd ugn vid 180°C/350°F/gas 4 i ca 1 timme tills de är gyllene och bruna vid beröring.

Kokos kaka

Gör en 23cm/9 tårta

75 g/3 oz/1/3 kopp smör eller margarin

150 ml/¼ pt/2/3 kopp mjölk

2 lätt uppvispade ägg

225 g/8 oz/1 kopp socker (mycket fint).

150 g/5 oz/1¼ koppar självhöjande mjöl

En nypa salt

För toppen:
100 g/4 oz/½ kopp smör eller margarin

75 g/3 oz/¾ kopp torkad kokosnöt (strimlad).

60 ml/4 skedar ren honung

45 ml/3 matskedar mjölk

50 g/2 oz/¼ kopp mjukt farinsocker

Smält smöret eller margarinet i mjölken och låt det sedan svalna något. Vispa ihop ägg och socker tills det blir ljust och fluffigt, vispa sedan i smör- och mjölkblandningen. Sikta i mjöl och salt till en ganska tunn blandning. Häll upp i en smord och fodrad 23 cm/9 form och grädda i en förvärmd ugn vid 180°C/350°F/gasmark 4 i 40 minuter tills den är gyllenbrun och spänstig.

Under tiden, i en panna, lägger vi ovanstående ingredienser att koka. Häll över den varma kakan och skeda över toppingen. Placera under en het grill (broiler) i några minuter tills toppen precis börjar få färg.

Gyllene kokosnötskaka

Gör en 20cm/8 tårta

100 g/4 oz/½ kopp smör eller margarin, uppmjukat

200g/7oz/ knappa 1 kopp socker (mycket fint).

200g/7oz/1¾ kopp vanligt (all-purpose) mjöl.

10 ml/2 tsk bakpulver

En nypa salt

175 ml/6 ml oz/¾ kopp mjölk

3 äggvitor

För fyllning och fyllning:
150 g/5 oz/1¼ koppar torkad kokosnöt (strimlad)

200g/7oz/ knappa 1 kopp socker (mycket fint).

120 ml/4 ml oz/½ kopp mjölk

120 ml/4 ml oz/½ kopp vatten

3 äggulor

Rör ihop smöret eller margarinet och sockret tills det blir ljust och pösigt. Blanda ner mjöl, bakpulver och salt i blandningen växelvis med mjölk och vatten tills du har en mjuk deg. Vispa äggvitorna tills de blir hårda och vänd sedan ner dem i smeten. Häll blandningen i två smorda 20 cm/8 formar och grädda i en förvärmd ugn vid 180°C/350°F/gasmark 4 i 25 minuter tills den är lätt kryddad. Låt det svalna.

Blanda samman kokos, socker, mjölk och äggulor i en liten kastrull. Värm på låg värme i några minuter tills äggen är kokta under konstant omrörning. Låt det svalna. Smörj ihop kakorna med hälften av kokosblandningen och lägg sedan resten ovanpå.

Kokos lager kaka

Gör en tårta 9 x 18 cm/3½ x 7

100 g/4 oz/½ kopp smör eller margarin, uppmjukat

175 g/6 oz/¾ kopp socker (mycket fint).

3 ägg

175 g/6 oz/1½ koppar vanligt (all-purpose) mjöl.

5 ml/1 tsk bakpulver

175 g/6 oz/1 kopp sultanor (russin)

120 ml/4 ml oz/½ kopp mjölk

6 vanliga kakor (kex), krossade

100 g/4 oz/½ kopp mjukt farinsocker

100 g/4 oz/1 kopp torkad kokosnöt (strimlad).

Rör ihop smöret eller margarinet och sockret tills det blir ljust och pösigt. Vispa ner två av äggen gradvis och tillsätt sedan mjöl, bakpulver och sultaner omväxlande med mjölken. Häll hälften av blandningen i en smord och fodrad 450g/1lb form (bakform). Blanda resterande ägg med kaksmulor, farinsocker och kokos och strö över pannan. Häll över den återstående blandningen och grädda i en förvärmd ugn vid 180°C/350°F/gas 4 i 1 timme. Låt svalna i pannan i 30 minuter, vänd sedan upp på ett galler för att avsluta kylningen.

Kokos- och citronkaka

Gör en 20cm/8 tårta

100 g/4 oz/½ kopp smör eller margarin, uppmjukat

75 g/3 oz/1/3 kopp mjukt farinsocker

Rivet skal av 1 citron

1 uppvispat ägg

Några droppar mandelessens (extrakt)

350 g/12 oz/3 koppar självhöjande mjöl

60 ml/4 msk hallonsylt (konserverad)

För toppen:

1 uppvispat ägg

75 g/3 oz/1/3 kopp mjukt farinsocker

225 g/8 oz/2 koppar torkad kokosnöt (strimlad).

Rör ihop smör eller margarin, socker och citronskal tills det blir ljust och pösigt. Vispa gradvis i ägget och mandelessensen och vänd sedan ner mjölet. Häll blandningen i en smord och klädd 20 cm/8 långpanna. Häll sylten över blandningen. Vispa ihop ovanstående ingredienser och fördela över blandningen. Grädda i en förvärmd ugn vid 180°C/350°F/gas 4 i 30 minuter tills den stelnar. Låt svalna i pannan.

Tårta för det nya året med kokos

Gör en 18cm/7 tårta

100 g/4 oz/½ kopp smör eller margarin, uppmjukat

100 g/4 oz/½ kopp socker (mycket fint).

2 lätt uppvispade ägg

75 g/3 oz/¾ kopp vanligt mjöl (alltså).

45 ml/3 msk torkad (strimlad) kokos.

30 ml/2 msk rom

Några droppar mandelessens (extrakt)

Några droppar citronessens (extrakt)

Rör ihop smör och socker tills det blir ljust och fluffigt. Vispa gradvis i äggen och vänd sedan ner mjöl och kokos. Blanda rom och essenser. Häll upp i en smord och fodrad 18cm/7 form och jämna till ytan. Grädda i en förvärmd ugn vid 190°C/375°F/gasmarkering 5 i 45 minuter tills ett spett som sticks in i mitten kommer ut rent. Låt svalna i pannan.

Kokos- och sultanatårta

Gör en 23cm/9 tårta

100 g/4 oz/½ kopp smör eller margarin, uppmjukat

175 g/6 oz/¾ kopp socker (mycket fint).

2 lätt uppvispade ägg

175 g/6 oz/1½ koppar vanligt (all-purpose) mjöl.

5 ml/1 tsk bakpulver

En nypa salt

175 g/6 oz/1 kopp sultanor (russin)

120 ml/4 ml oz/½ kopp mjölk

För fyllningen:

1 lätt uppvispat ägg

50 g/2 oz/½ kopp vanligt kaksmulor

100 g/4 oz/½ kopp mjukt farinsocker

100 g/4 oz/1 kopp torkad kokosnöt (strimlad).

Rör ihop smöret eller margarinet och sockret tills det blir ljust och pösigt. Blanda gradvis i äggen. Vispa i mjöl, bakpulver, salt och sultanas med tillräckligt med mjölk för att få en slät, smulig konsistens. Häll hälften av blandningen i en smord 23 cm/9 form. Blanda ihop ingredienserna till fyllningen och skeda över blandningen, skeda sedan över den återstående kakmixen. Grädda i en förvärmd ugn vid 180°C/350°F/gas 4 i 1 timme tills den är fjädrande vid beröring och börjar krympa från sidorna av pannan. Låt svalna i pannan innan du kastar.

Nötkaka med knaprig topping

Gör en 23cm/9 tårta

225 g/8 oz/1 kopp smör eller margarin, uppmjukat

225 g/8 oz/1 kopp socker (mycket fint).

2 lätt uppvispade ägg

225 g/8 oz/2 koppar vanligt (all-purpose) mjöl.

2,5 ml/½ tesked bikarbonatsoda (bakpulver)

2,5 ml/½ tsk grädde av tandsten

200 ml/7 ml oz/1 kopp skummjölk

För toppen:
100 g/4 oz/1 kopp hackade blandade nötter

100 g/4 oz/½ kopp mjukt farinsocker

5 ml/1 tsk mald kanel

Rör ihop smöret eller margarinet och sockret tills det blir ljust och pösigt. Vispa gradvis äggen och tillsätt sedan mjölet, bikarbonaten och grädden av tandsten växelvis med mjölken. Häll upp i en smord och klädd 23cm/9 form (bakplåt). Blanda samman valnötter, farinsocker och kanel och strö över kakan. Grädda i en förvärmd ugn vid 180°C/350°F/gas 4 i 40 minuter tills den är gyllenbrun och krymper från pannans sidor. Låt svalna i pannan i 10 minuter, vänd sedan upp på ett galler för att avsluta kylningen.

Tårta med blandade nötter

Gör en 23cm/9 tårta

100 g/4 oz/½ kopp smör eller margarin, uppmjukat

225 g/8 oz/1 kopp socker (mycket fint).

1 uppvispat ägg

225 g/8 oz/2 koppar självhöjande mjöl

10 ml/2 tsk bakpulver

En nypa salt

250 ml/8 ml oz/1 kopp mjölk

5 ml/1 tsk vaniljessens (extrakt)

2,5 ml/½ tsk citronessens (extrakt)

100 g/4 oz/1 kopp hackade blandade nötter

Rör ihop smöret eller margarinet och sockret tills det blir ljust och pösigt. Vispa gradvis i ägget. Blanda samman mjöl, bakpulver och salt och tillsätt till blandningen växelvis med mjölk och essenser. Vänd ner nötterna. Häll i två smorda och klädda 23 cm/9 kakformar (formar) och grädda i en förvärmd ugn vid 180°F/350°F/gasmark 4 i 40 minuter tills ett spett som sticks in i mitten kommer ut rent.

Tårta med grekiska valnötter

Gör en 25 cm/10 tårta

100 g/4 oz/½ kopp smör eller margarin, uppmjukat

225 g/8 oz/1 kopp socker (mycket fint).

3 lätt uppvispade ägg

250 g/9 oz/2¼ koppar vanligt (all-purpose) mjöl.

225 g/8 oz/2 koppar valnötter, malda

10 ml/2 tsk bakpulver

5 ml/1 tsk mald kanel

1,5 ml/¼ tesked mald kryddnejlika

En nypa salt

75 ml/5 matskedar mjölk

Till honungssirapen:

175 g/6 oz/¾ kopp socker (mycket fint).

75 g/3 oz/¼ kopp ren honung

15 ml/1 matsked citronsaft

250 ml/8 ml oz/1 kopp kokande vatten

Rör ihop smöret eller margarinet och sockret tills det blir ljust och pösigt. Vispa gradvis i äggen och tillsätt sedan mjöl, nötter, bakpulver, kryddor och salt. Tillsätt mjölken och blanda tills det är slätt. Häll upp i en smord och mjölad 25 cm/10 form och grädda i en förvärmd ugn vid 180°C/350°F/gasmark 4 i 40 minuter tills den är spänstig. Låt svalna i pannan i 10 minuter och överför sedan till ett galler.

För att göra sirapen, blanda ihop socker, honung, citronsaft och vatten och värm tills det löst sig. Pricka den varma kakan med en gaffel och skeda sedan över honungssirapen.

Nötkaka med valnötter

Gör en 18cm/7 tårta

100 g/4 oz/½ kopp smör eller margarin, uppmjukat

100 g/4 oz/½ kopp socker (mycket fint).

2 lätt uppvispade ägg

100 g/4 oz/1 kopp självhöjande mjöl

100 g/4 oz/1 kopp valnötter, hackade

En nypa salt

För grädden (brica):
450 g/1 pund/2 koppar strösocker

150 ml/¼ pt/2/3 kopp vatten

2 äggvitor

Några valnötshalvor att dekorera

Rör ihop smöret eller margarinet och sockret tills det blir ljust och pösigt. Vispa gradvis i äggen och tillsätt sedan mjöl, nötter och salt. Häll blandningen i två smorda och klädda 18 cm/7 kakformar (formar) och grädda i en förvärmd ugn vid 180°C/350°F/gasmark 4 i 25 minuter tills den är gyllenbrun väl och blir elastisk vid beröring. Låt det svalna.

Lös strösockret i vattnet på låg värme under konstant omrörning, låt sedan koka upp och fortsätt koka, utan omrörning, tills en droppe av blandningen bildar en mjuk boll när den släpps i kallt vatten. Vispa under tiden äggvitan i en ren bunke tills den blir hård. Häll sirapen över äggvitorna och vispa tills blandningen är tillräckligt tjock för att täcka baksidan av en sked. Smörgåstårtor tillsammans med ett lager grädde, fördela sedan resten över toppen och sidorna av tårtan och dekorera med valnötshalvor.

Valnötstårta med chokladkräm

Gör en 18cm/7 tårta

3 ägg

75 g/3 oz/1/3 kopp mjukt farinsocker

50 g/2 oz/½ kopp fullkornsmjöl (helvete).

25 g/1 oz/¼ kopp kakao (osötad choklad) pulver

För grädden (brica):

150 g/5 oz/1¼ koppar vanlig (halvsöt) choklad

225 g/8 oz/1 kopp låg fetthalt färskost

45 ml/3 msk strösocker (konditor), siktat

75 g/3 oz/¾ kopp valnötter, hackade

15 ml/1 matsked konjak (valfritt)

Riven choklad till dekoration

Vispa ägg och farinsocker blekt och tjockt. Häll i mjöl och kakao. Fördela blandningen i två smorda och klädda 18 cm/7 formar och grädda i en förvärmd ugn vid 190°C/375°F/gas 5 i 15–20 minuter tills den fått fin färg och fjädrande vid beröring. Ta ur formarna och låt svalna.

Smält chokladen i en värmesäker skål över en kastrull med lätt sjudande vatten. Ta av från värmen och rör ner färskost och florsocker, rör sedan ner valnötter och konjak om du använder. Smörgå ihop kakorna med det mesta av fyllningen och fördela resten ovanpå. Vi dekorerar den med riven choklad.

Valnötstårta med honung och kanel

Gör en 23cm/9 tårta

225 g/8 oz/2 koppar vanligt (all-purpose) mjöl.

10 ml/2 tsk bakpulver

5 ml/1 tesked bikarbonat läsk (bakpulver)

5 ml/1 tsk mald kanel

En nypa salt

100 g/4 oz/1 kopp vanlig yoghurt

75 ml/5 msk olja

100 g/4 oz/1/3 kopp ren honung

1 lätt uppvispat ägg

5 ml/1 tsk vaniljessens (extrakt)

För fyllningen:
50 g/2 oz/½ kopp hackade valnötter

225 g/8 oz/1 kopp mjukt farinsocker

10 ml/2 tsk mald kanel

30 ml/2 msk olja

Blanda ihop de torra ingredienserna till kakan och gör en brunn i mitten. Blanda ihop resten av tårtingredienserna och rör ner i de torra ingredienserna. Blanda ihop ingredienserna till fyllningen. Häll hälften av kakblandningen i en smord och mjölad 23 cm/9 form och strö över hälften av fyllningen. Tillsätt den återstående kakmixen, sedan den återstående fyllningen. Grädda i en förvärmd ugn vid 180°C/350°F/gasmarkering 4 i 30 minuter tills de är väl brynta och gyllenbruna och börjar krympa från pannans sidor.

Bars med mandel och honung

Det blir 10

15 g/½ oz färsk jäst eller 20 ml/4 msk torrjäst

45 ml/3 msk socker (superfint).

120 ml/4 ml oz/½ kopp varm mjölk

300g/11oz/2¾ koppar vanligt mjöl (all-purpose)

En nypa salt

1 lätt uppvispat ägg

50 g/2 oz/¼ kopp smör eller margarin, mjukat

300 ml/½ pt/1¼ kopp dubbelkräm (tung).

30 ml/2 msk pulveriserat (konfektyr) socker, siktat

45 ml/3 skedar ren honung

300 g/11 oz/2¾ koppar strimlad mandel (hackad)

Blanda jästen, 5 ml/1 msk strösocker och lite mjölk och låt stå på en varm plats i 20 minuter tills det skummar. Blanda resterande socker med mjöl och salt och gör en brunn i mitten. Blanda gradvis i ägg, smör eller margarin, jästblandning och resterande varm mjölk och blanda till en mjuk deg. Knåda på en lätt mjölad yta tills den är slät och elastisk. Lägg i en oljad skål, täck med oljad plastfolie (plastfolie) och låt stå på en varm plats i 45 minuter tills den är dubbelt så stor.

Knåda degen igen, vänd sedan ut den och lägg den i en smord 30 x 20 cm/12 x 8 form (panna), nagga överallt med en gaffel, täck över och låt stå på en varm plats i 10 minuter.

Häll 120ml/4 floz/½ kopp grädde, florsocker och honung i en liten kastrull och låt koka upp. Ta av från värmen och rör ner mandeln. Bred ut smeten och grädda sedan i en förvärmd ugn vid 200°C/400°F/gasmark 6 i 20 minuter tills den är gyllene och fjädrande vid beröring, täck med (vaxat) bakplåtspapper om biten som ovansidan börjar bli brun mycket tidigare . slutet av tillagningen. Häll av och låt svalna.

Skär kakan på mitten horisontellt. Vispa resterande grädde tills den blir styv och bred över den nedre halvan av kakan. Lägg hälften av kakan täckt med mandel ovanpå och skär den i stänger.

Äppel- och svartvinbärsbarer

Gör 12

175 g/6 oz/1½ koppar vanligt (all-purpose) mjöl.

5 ml/1 tsk bakpulver

En nypa salt

175 g/6 oz/¾ kopp smör eller margarin

225 g/8 oz/1 kopp mjukt farinsocker

100 g/4 oz/1 kopp havregryn

450 g/1 lb matlagningsäpplen (kaka), skalade, urkärnade och skivade

30 ml/2 msk majsmjöl (majsstärkelse)

10 ml/2 tsk mald kanel

2,5 ml/½ tsk mald muskotnöt

2,5 ml/½ msk malda kryddor

225g/8oz svarta vinbär

Blanda mjöl, bakpulver och salt och pensla sedan med smör eller margarin. Blanda socker och havre. Sked hälften i botten av en smord och klädd 25 cm/9 fyrkantig form. Blanda äpplena, majsmjöl och kryddor och fördela över toppen. Toppa med svarta vinbär. Skeda över den återstående blandningen och jämna ut över toppen. Grädda i en förvärmd ugn vid 180°C/350°F/gas 4 i 30 minuter tills den blir spänstig. Låt svalna och skär sedan i stänger.

Aprikos- och havregrynsstänger

Gör 24

75 g/3 oz/½ kopp torkade aprikoser

25 g/1 oz/3 msk sultanor (russin)

250 ml/8 ml oz/1 kopp vatten

5 ml/1 tsk citronsaft

150 g/5 oz/2/3 kopp mjukt farinsocker

50 g/2 oz/½ kopp torkad kokosnöt (strimlad).

50 g/2 oz/½ kopp vanligt mjöl (alltså).

2,5 ml/½ tesked bikarbonatsoda (bakpulver)

100 g/4 oz/1 kopp havregryn

50 g/2 oz/¼ kopp smör, smält

I en liten kastrull, lägg aprikoser, sultanor, vatten, citronsaft och 30 ml/2 matskedar farinsocker och rör om på låg värme tills det tjocknar. Rör ner kokosen och låt svalna. Sikta samman mjöl, bakpulver, havre och resterande socker och rör sedan ner det smälta smöret. Tryck ut hälften av havreblandningen i botten av en smord 20 cm/8 plåt (bricka), fördela sedan aprikosblandningen över toppen. Täck med resterande havreblandning och tryck till lätt. Grädda i en förvärmd ugn vid 180°C/350°F/gas 4 i 30 minuter tills de är gyllene. Låt svalna och skär sedan i stänger.

Aprikos Crunchies

Gör 16

100 g/4 oz/2/3 kopp färdiga att äta torkade aprikoser

120 ml/4 ml oz/½ kopp apelsinjuice

100 g/4 oz/½ kopp smör eller margarin

75 g/3 oz/¾ kopp fullkornsmjöl (helvete).

75 g/3 oz/¾ kopp havregryn

75 g/3 oz/1/3 kopp demerara socker

Blötlägg aprikoserna i apelsinjuicen i minst 30 minuter tills de är mjuka, låt rinna av och hacka. Gnid in smöret eller margarinet i mjölet tills blandningen liknar ströbröd. Blanda havre och socker. Tryck ut hälften av blandningen i en smord 30 x 20 cm/12 x 8 rullform och strö över aprikoser. Bred ut resten av blandningen ovanpå och tryck försiktigt ner. Grädda i en förvärmd ugn vid 180°C/350°F/gas 4 i 25 minuter tills de är gyllenbruna. Låt svalna på pannan innan du vänder ut och skär i stänger.

Bananbarer med nötter

Blir ca 14

50 g/2 oz/¼ kopp smör eller margarin, mjukat

75 g/3 oz/1/3 kopp pulveriserat (mycket fint) eller mjukt farinsocker

2 stora bananer, skivade

175 g/6 oz/1½ koppar vanligt (all-purpose) mjöl.

7,5 ml/1½ tsk bakpulver

2 ägg, vispade

50 g/2 oz/½ kopp valnötter, grovt hackade

Rör ihop smör eller margarin och socker. Riv bananerna och blanda väl. Blanda mjöl och bakpulver. Tillsätt mjöl, ägg och nötter i bananblandningen och vispa väl. Häll upp i en smord och fodrad form på 18 x 28 cm/7 x 11, jämna till ytan och grädda i en förvärmd ugn vid 160°C/325°F/gasmark 3 i 30–35 minuter tills den stelnat blir elastisk vid beröring. Låt svalna några minuter i pannan och överför sedan till ett galler för att avsluta kylningen. Skär i ca 14 barer.

Amerikanska brownies

Gör cirka 15

2 stora ägg

225 g/8 oz/1 kopp socker (mycket fint).

50 g/2 oz/¼ kopp smör eller margarin, smält

2,5 ml/½ tsk vaniljessens (extrakt)

75 g/3 oz/¾ kopp vanligt mjöl (alltså).

45 ml/3 skedar kakao (sockerfri choklad).

2,5 ml/½ tesked bakpulver

En nypa salt

50 g/2 oz/½ kopp valnötter, grovt hackade

Vispa ägg och socker tjockt och krämigt. Vispa smöret och vaniljessensen. Sikta mjöl, kakao, bakpulver och salt och tillsätt dem i blandningen med nötterna. Vi förvandlar den till en smord 20 cm/8 kvadratisk form (panna). Grädda i en förvärmd ugn på 180°C/350°F/gas 4 i 40–45 minuter tills den är spänstig. Låt stå i pannan i 10 minuter, skär sedan i rutor och lägg på galler medan den fortfarande är varm.

Choklad Fudge Brownies

Blir ca 16

225 g/8 oz/1 kopp smör eller margarin

175 g/6 oz/¾ kopp strösocker

350 g/12 oz/3 koppar självhöjande mjöl

30 ml/2 skedar kakao (sockerfri choklad).

För grädden (brica):
175 g/6 oz/1 kopp pulveriserat (konditor) socker, siktat

30 ml/2 skedar kakao (sockerfri choklad).

Kokande vatten

Smält smöret eller margarinet och rör sedan ner strösockret. Häll i mjöl och kakao. Tryck ut i en 18 x 28 cm/7 x 11 fodrad form (bricka) Grädda i en förvärmd ugn på 180°C/350°F/gas 4 i ca 20 minuter tills den är fast vid beröring.

För att göra grädden, sikta strösocker och kakao i en skål och tillsätt en droppe kokande vatten. Blanda tills det är väl blandat, tillsätt en droppe eller mer vatten om det behövs. Kyl brownies medan de fortfarande är varma (men inte varma), låt dem sedan svalna innan du skär i rutor.

Brownies med nötter och choklad

Gör 12

50 g/2 oz/½ kopp vanlig (halvsöt) choklad.

75 g/3 oz/1/3 kopp smör eller margarin

225 g/8 oz/1 kopp socker (mycket fint).

75 g/3 oz/¾ kopp vanligt mjöl (alltså).

75 g/3 oz/¾ kopp valnötter, hackade

50 g/2 oz/½ kopp chokladchips

2 ägg, vispade

2,5 ml/½ tsk vaniljessens (extrakt)

Smält chokladen och smöret eller margarinet i en värmesäker skål över en kastrull med lätt sjudande vatten. Ta av från värmen och blanda resten av ingredienserna. Häll upp i en smord och fodrad 20 cm/8 form och grädda i en förvärmd ugn vid 180°C/350°F/gas 4 i 30 minuter tills ett spett som sticks in i mitten kommer ut rent. Låt svalna i pannan och skär sedan i rutor.

Butter bars

Gör 16

100 g/4 oz/½ kopp smör eller margarin, uppmjukat

100 g/4 oz/½ kopp socker (mycket fint).

1 delat ägg

100 g/4 oz/1 kopp vanligt mjöl (allt för ändamål).

25 g/1 oz/¼ kopp hackade blandade nötter

Rör ihop smöret eller margarinet och sockret tills det blir ljust och pösigt. Blanda i äggulan, blanda sedan i mjöl och nötter till en ganska hård blandning. Om den är för stark, tillsätt lite mjölk; om den är rinnig, rör ner lite mer mjöl. Häll smeten i en smord 30 x 20 cm/12 x 8 rullpanna (geléform). Vispa äggvitan till skum och fördela över blandningen. Grädda i en förvärmd ugn vid 180°C/350°F/gas 4 i 30 minuter tills de är gyllene. Låt svalna och skär sedan i stänger.

Cherry Candy Traybake

Gör 12

100 g/4 oz/1 kopp mandel

225 g/8 oz/1 kopp glace körsbär (sötade), halverade

225 g/8 oz/1 kopp smör eller margarin, uppmjukat

225 g/8 oz/1 kopp socker (mycket fint).

3 ägg, vispade

100 g/4 oz/1 kopp självhöjande mjöl

50 g/2 oz/½ kopp mald mandel

5 ml/1 tsk bakpulver

5 ml/1 sked mandelessens (extrakt)

Strö ut mandeln och körsbären över basen av en smord och fodrad 20 cm/8 tums kakform. Smält 50 g/2 oz/¼ kopp smör eller margarin med 50 g/2 oz/¼ kopp socker och häll sedan på körsbär och valnötter. Vispa resterande smör eller margarin och socker tills det blir ljust och fluffigt, vispa sedan äggen och blanda i mjöl, mald mandel, bakpulver och mandelessens. Häll blandningen i pannan och jämna till toppen. Grädda i en förvärmd ugn vid 160°C/325°F/gas 3 i 1 timme. Låt svalna i pannan i några minuter, vänd sedan försiktigt upp på ett galler, skrapa bort eventuellt papprets yta om det behövs. Låt svalna helt innan du skär.

Choklad Traybake

Gör 24

100 g/4 oz/½ kopp smör eller margarin, uppmjukat

100 g/4 oz/½ kopp mjukt farinsocker

50 g/2 oz/¼ kopp socker (mycket fint).

1 ägg

5 ml/1 tsk vaniljessens (extrakt)

100 g/4 oz/1 kopp vanligt mjöl (allt för ändamål).

2,5 ml/½ tesked bikarbonatsoda (bakpulver)

En nypa salt

100 g/4 oz/1 kopp chokladchips

Rör ihop smöret eller margarinet och sockret tills det är mjukt och fluffigt, tillsätt sedan gradvis ägget och vaniljessensen. Sikta i mjöl, bikarbonat av läsk och salt. Blanda chokladbitarna. Häll upp i en smord och mjölad 25 cm/12 i fyrkantig form (bricka) och grädda i en förvärmd ugn vid 190°C/375°F/gas 2 i 15 minuter tills den är gyllenbrun. Låt svalna och skär sedan i rutor.

Cinnamon Crumble Layer

Gör 12

För basen:

100 g/4 oz/½ kopp smör eller margarin, uppmjukat

30 ml/2 matskedar ren honung

2 lätt uppvispade ägg

100 g/4 oz/1 kopp vanligt mjöl (allt för ändamål).

Till crumblen:

75 g/3 oz/1/3 kopp smör eller margarin

75 g/3 oz/¾ kopp vanligt mjöl (alltså).

75 g/3 oz/¾ kopp havregryn

5 ml/1 tsk mald kanel

50 g/2 oz/¼ kopp demerara socker

Rör ihop smöret eller margarinet och honungen tills det blir ljust och fluffigt. Vispa gradvis i äggen och häll sedan i mjölet. Häll hälften av blandningen i en smord 20 cm/8 fyrkantig form (panna) och jämna till ytan.

För att göra smulan, gnid in smöret eller margarinet i mjölet tills blandningen liknar ströbröd. Blanda havre, kanel och socker. Häll hälften av crumblen i formen, toppa sedan med den återstående kakmixen och sedan resten av crumblen. Grädda i en förvärmd ugn på 190°C/375°F/gas 5 i cirka 35 minuter tills ett spett som sticks in i mitten kommer ut rent. Låt svalna och skär sedan i stänger.

Kläskiga kanelstänger

Gör 16

225 g/8 oz/2 koppar vanligt (all-purpose) mjöl.

10 ml/2 tsk bakpulver

225 g/8 oz/1 kopp mjukt farinsocker

15 ml/1 msk smält smör

250 ml/8 ml oz/1 kopp mjölk

30 ml/2 msk demerara socker

10 ml/2 tsk mald kanel

25 g/1 oz/2 msk smör, kylt och i tärningar

Blanda ihop mjöl, bakpulver och socker. Häll i det smälta smöret och mjölken och blanda väl. Tryck ut blandningen i två 23 cm/9 fyrkantiga (pannor). Strö toppen med demerarasocker och kanel, tryck sedan ut smörbitarna över ytan. Grädda i en förvärmd ugn vid 180°C/350°F/gasmark 4 i 30 minuter. Smöret kommer att göra hål i blandningen och bli glansigt när det tillagas.

Kokosbarer

Gör 16

75 g/3 oz/1/3 kopp smör eller margarin

100 g/4 oz/1 kopp vanligt mjöl (allt för ändamål).

30 ml/2 msk socker (superfint).

2 ägg

100 g/4 oz/½ kopp mjukt farinsocker

En nypa salt

175 g/6 oz/1½ koppar torkad kokos (strimlad)

50 g/2 oz/½ kopp hackade blandade nötter

Apelsinskräm

Gnid in smöret eller margarinet i mjölet tills blandningen liknar ströbröd. Häll sockret och tryck ut i en osmord 23 cm/9 fyrkantig form (panna). Grädda i en förvärmd ugn vid 190°C/350°F/gas 4 i 15 minuter tills den är klar.

Blanda ihop ägg, farinsocker och salt, blanda sedan i kokos och valnötter och strö över botten. Grädda i 20 minuter tills de är fasta och gyllene. Is med apelsinskräm när den är kall. Skär dem i stänger.

Kokos och sylt smörgåsbarer

Gör 16

25 g/1 oz/2 msk smör eller margarin

175 g/6 oz/1½ koppar självhöjande mjöl

225 g/8 oz/1 kopp socker (mycket fint).

2 äggulor

75 ml/5 msk vatten

175 g/6 oz/1½ koppar torkad kokos (strimlad)

4 äggvitor

50 g/2 oz/½ kopp vanligt mjöl (alltså).

100 g/4 oz/1/3 kopp jordgubbssylt (reserv)

Gnid in smöret eller margarinet i det självjäsande mjölet och rör sedan i 50 g/2 oz/¼ kopp socker. Vispa ihop äggulorna och 45 ml/3 msk vatten och blanda väl. Tryck in i botten på en smord 30 x 20 cm/12 x 8 rullpanna (gelépanna) och sticka med en gaffel. Grädda i en förvärmd ugn vid 180°C/350°F/gas 4 i 12 minuter. Låt det svalna.

Lägg kokos, resterande socker och vatten och en äggvita i en kastrull och blanda på låg värme tills blandningen blir klumpig utan att den får färg. Låt det svalna. Blanda i vanligt mjöl. Vispa de återstående äggvitorna tills de blir hårda och vänd sedan ner dem i blandningen. Bred ut sylten över botten och toppa sedan med kokos. Grädda i ugnen i 30 minuter tills de är gyllenbruna. Låt svalna på pannan innan du skär i stänger.

Dadel och Apple Traybake

Gör 12

1 kokt (tärt) äpple, skalat, urkärnat och tärnat

225 g/8 oz/1 1/3 koppar stenade (stenade) dadlar, hackade

150 ml/¼ pt/2/3 kopp vatten

350 g/12 oz/3 koppar havregryn

175 g/6 oz/¾ kopp smör eller margarin, smält

45 ml/3 msk demerara socker

5 ml/1 tsk mald kanel

Lägg äpplena, dadlarna och vattnet i en kastrull och låt sjuda försiktigt i cirka 5 minuter tills äpplena är mjuka. Låt det svalna. Blanda samman havre, smör eller margarin, socker och kanel. Släpp en halv sked i en smord 20 cm/8 fyrkantig form (panna) och jämna till ytan. Häll över äppel- och dadelblandningen, täck sedan med den återstående havreblandningen och platta till ytan. Tryck ner försiktigt. Grädda i en förvärmd ugn på 190°C/375°F/gas 5 i ca 30 minuter tills de är gyllenbruna. Låt svalna och skär sedan i stänger.

Dadelskivor

Gör 12

225 g/8 oz/1 1/3 koppar stenade (stenade) dadlar, hackade

30 ml/2 matskedar ren honung

30 ml/2 msk citronsaft

225 g/8 oz/1 kopp smör eller margarin

225 g/8 oz/2 koppar fullkornsmjöl (helvete).

225 g/8 oz/2 koppar havregryn

75 g/3 oz/1/3 kopp mjukt farinsocker

Sjud dadlarna, honungen och citronsaften några minuter tills dadlarna mjuknat. Gnid in smöret eller margarinet i mjölet och havren tills blandningen liknar ströbröd och rör sedan ner sockret. Häll hälften av blandningen i en smord och klädd 20 cm/8 fyrkantig form (panna). Häll över dadelblandningen och avsluta sedan med resterande kakblandning. Tryck ner ordentligt. Grädda i en förvärmd ugn vid 190°C/375°F/gas 5 i 35 minuter tills de är lätt kryddade. Låt svalna på pannan, skiva medan den fortfarande är varm.

Mormors dejtingbarer

Gör 16

100 g/4 oz/½ kopp smör eller margarin, uppmjukat

225 g/8 oz/1 kopp mjukt farinsocker

2 lätt uppvispade ägg

175 g/6 oz/1½ koppar vanligt (all-purpose) mjöl.

2,5 ml/½ tesked bikarbonatsoda (bakpulver)

5 ml/1 tsk mald kanel

En nypa mald kryddnejlika

En nypa riven muskotnöt

175 g/6 oz/1 kopp stenade dadlar, hackade

Rör ihop smöret eller margarinet och sockret tills det blir ljust och pösigt. Tillsätt gradvis äggen, vispa ordentligt efter varje tillsats. Rör i resten av ingredienserna tills det är väl blandat. Häll upp i en smord och mjölad 23 cm/9 i fyrkantig form och grädda i en förvärmd ugn på 180°C/350°F/gas 4 i 25 minuter tills ett spett som sticks in i mitten kommer ut rent. Låt svalna och skär sedan i stänger.

Bars med dadlar och havregryn

Gör 16

175 g/6 oz/1 kopp stenade dadlar, hackade

15 ml/1 sked ren honung

30 ml/2 msk vatten

225 g/8 oz/2 koppar fullkornsmjöl (helvete).

100 g/4 oz/1 kopp havregryn

100 g/4 oz/½ kopp mjukt farinsocker

150 g/5 oz/2/3 kopp smör eller margarin, smält

Koka dadlarna, honungen och vattnet i en liten kastrull tills dadlarna är mjuka. Blanda samman mjöl, havre och socker och blanda sedan i det smälta smöret eller margarinet. Tryck ut hälften av blandningen i en smord 18 cm/7 fyrkantig form (bricka), strö över dadelblandningen, toppa sedan med resterande havreblandning och tryck försiktigt nedåt. Grädda i en förvärmd ugn vid 180°C/350°F/gas 4 i 1 timme tills de är fasta och gyllene. Låt svalna på pannan, skär i klyftor medan den fortfarande är varm.

Bars med dadlar och nötter

Gör 12

100 g/4 oz/½ kopp smör eller margarin, uppmjukat

150 g/5 oz/2/3 kopp socker (mycket fint).

1 lätt uppvispat ägg

100 g/4 oz/1 kopp självhöjande mjöl

225 g/8 oz/11/3 koppar stenade (stenade) dadlar, hackade

100 g/4 oz/1 kopp valnötter, hackade

15 ml/1 matsked mjölk (valfritt)

100 g/4 oz/1 kopp vanlig (halvsöt) choklad.

Rör ihop smöret eller margarinet och sockret tills det blir ljust och pösigt. Blanda i ägget, sedan mjöl, dadlar och nötter, tillsätt lite av mjölken om blandningen är för hård. Häll upp i en smord 30 x 20 cm/12 x 8 schweizisk form (geléform) och grädda i en förvärmd ugn vid 180°C/350°F/gasmark 4 i 30 minuter tills den får elasticitet. Låt det svalna.

Smält chokladen i en värmesäker skål över en kastrull med lätt sjudande vatten. Bred ut över blandningen och låt svalna och grädda. Skär i stänger med en vass kniv.

Fikonstavar

Gör 16

225 g/8 oz färska fikon, hackade

30 ml/2 matskedar ren honung

15 ml/1 matsked citronsaft

225 g/8 oz/2 koppar fullkornsmjöl (helvete).

225 g/8 oz/2 koppar havregryn

225 g/8 oz/1 kopp smör eller margarin

75 g/3 oz/1/3 kopp mjukt farinsocker

Koka fikon, honung och citronsaft på låg värme i 5 minuter. Låt svalna något. Blanda samman mjöl och havre, pensla sedan med smöret eller margarinet och blanda med sockret. Tryck ut hälften av blandningen i en smord 20 cm/8 fyrkantig form (bricka), häll sedan fikonblandningen över toppen. Täck med resterande kakblandning och tryck till ordentligt. Grädda i en förvärmd ugn vid 180°C/350°F/gas 4 i 30 minuter tills de är gyllenbruna. Låt svalna i pannan och skär sedan i skivor medan den fortfarande är varm.

Flapjacks

Gör 16

75 g/3 oz/1/3 kopp smör eller margarin

50 g/2 oz/3 msk gyllene sirap (ljus majs).

100 g/4 oz/½ kopp mjukt farinsocker

175 g/6 oz/1½ kopp havregryn

Smält smöret eller margarinet med sirapen och sockret och rör sedan ner havren. Tryck ut i en smord 20 cm/8 fyrkantig form och grädda i en förvärmd ugn vid 180°C/350°F/gas 4 i cirka 20 minuter tills den fått lätt färg. Låt svalna något innan du skär i stänger, låt sedan stå på pannan svalna helt innan du tar bort.

Cherry Flapjacks

Gör 16

75 g/3 oz/1/3 kopp smör eller margarin

50 g/2 oz/3 msk gyllene sirap (ljus majs).

100 g/4 oz/½ kopp mjukt farinsocker

175 g/6 oz/1½ kopp havregryn

100 g/4 oz/1 kopp körsbär (kanderade), hackade

Smält smöret eller margarinet med sirapen och sockret och blanda sedan i havre och körsbär. Tryck ut i en smord 20 cm/8 form och grädda i en förvärmd ugn till 180°C/350°F/gasmark 4 i cirka 20 minuter tills de är lätt gyllene. Låt svalna något innan du skär i stänger, låt sedan stå på pannan svalna helt innan du tar bort.

Choklad Flapjacks

Gör 16

75 g/3 oz/1/3 kopp smör eller margarin

50 g/2 oz/3 msk gyllene sirap (ljus majs).

100 g/4 oz/½ kopp mjukt farinsocker

175 g/6 oz/1½ kopp havregryn

100 g/4 oz/1 kopp chokladchips

Smält smöret eller margarinet med sirapen och sockret och blanda sedan i havre och choklad. Tryck ut i en smord 20 cm/8 fyrkantig form (bricka) och grädda i en förvärmd ugn vid 180°C/350°F/gasmark 4 i cirka 20 minuter tills de är lätt gyllene. Låt svalna något innan du skär i stänger, låt sedan stå på pannan svalna helt innan du tar bort.

Fruktig Flapjacks

Gör 16

75 g/3 oz/1/3 kopp smör eller margarin

100 g/4 oz/½ kopp mjukt farinsocker

50 g/2 oz/3 msk gyllene sirap (ljus majs).

175 g/6 oz/1½ kopp havregryn

75 g/3 oz/½ kopp russin, sultanor eller annan torkad frukt

Smält smöret eller margarinet med sockret och sirapen och rör sedan ner havre och russin. Tryck ut i en smord 20 cm/8 form och grädda i en förvärmd ugn till 180°C/350°F/gasmark 4 i cirka 20 minuter tills de är lätt gyllene. Låt svalna något innan du skär i stänger, låt sedan stå på pannan svalna helt innan du tar bort.

Frukt och nötter Flapjacks

Gör 16

75 g/3 oz/1/3 kopp smör eller margarin

100 g/4 oz/1/3 kopp ren honung

50 g/2 oz/1/3 kopp russin

50 g/2 oz/½ kopp valnötter, hackade

175 g/6 oz/1½ kopp havregryn

Smält smöret eller margarinet med honungen på låg värme. Tillsätt russin, nötter och havre och blanda väl. Häll upp i en smord 23 cm/9 fyrkantig form (bricka) och grädda i en förvärmd ugn vid 180°C/350°F/gasmark 4 i 25 minuter. Låt svalna på pannan, skär i klyftor medan den fortfarande är varm.

Ginger Flapjacks

Gör 16

75 g/3 oz/1/3 kopp smör eller margarin

100 g/4 oz/½ kopp mjukt farinsocker

50g/2oz/3msk ingefärssirap från en burk

175 g/6 oz/1½ kopp havregryn

4 bitar rot ingefära, finhackad

Smält smöret eller margarinet med sockret och sirapen och rör sedan ner havre och ingefära. Tryck ut i en smord 20 cm/8 fyrkantig form (bricka) och grädda i en förvärmd ugn vid 180°C/350°F/gasmark 4 i cirka 20 minuter tills de är lätt gyllene. Låt svalna något innan du skär i stänger, låt sedan stå på pannan svalna helt innan du tar bort.

Valnöt Flapjacks

Gör 16

75 g/3 oz/1/3 kopp smör eller margarin

50 g/2 oz/3 msk gyllene sirap (ljus majs).

100 g/4 oz/½ kopp mjukt farinsocker

175 g/6 oz/1½ kopp havregryn

100 g/4 oz/1 kopp hackade blandade nötter

Smält smöret eller margarinet med sirapen och sockret och blanda sedan i havre och nötter. Tryck ut i en smord 20 cm/8 fyrkantig form (bricka) och grädda i en förvärmd ugn vid 180°C/350°F/gasmark 4 i cirka 20 minuter tills de är lätt gyllene. Låt svalna något innan du skär i stänger, låt sedan stå på pannan svalna helt innan du tar bort.

Tangy Lemon Sandbread

Gör 16

100 g/4 oz/1 kopp vanligt mjöl (allt för ändamål).

100 g/4 oz/½ kopp smör eller margarin, uppmjukat

75 g/3 oz/½ kopp pulveriserat (konditor) socker, siktat

2,5 ml/½ tesked bakpulver

En nypa salt

30 ml/2 msk citronsaft

10 ml/2 tsk rivet citronskal

Blanda samman mjöl, smör eller margarin, florsocker och bakpulver. Tryck ut i en smord 23 cm/9 fyrkantig form (bricka) och grädda i en förvärmd ugn vid 180°C/350°F/gasmark 4 i 20 minuter.

Blanda ihop resten av ingredienserna och vispa tills det blir ljust och fluffigt. Skeda på den varma basen, sänk ugnstemperaturen till 160°C/325°F/gasmarkering 3 och återgå till ugnen i ytterligare 25 minuter tills den är spänstig vid beröring. Låt svalna och skär sedan i rutor.

Mocka och kokos kvadrat

Gör 20

1 ägg

100 g/4 oz/½ kopp socker (mycket fint).

100 g/4 oz/1 kopp vanligt mjöl (allt för ändamål).

10 ml/2 tsk bakpulver

En nypa salt

75 ml/5 matskedar mjölk

75 g/3 oz/1/3 kopp smör eller margarin, smält

15 ml/1 sked kakao (sockerfri choklad).

2,5 ml/½ tsk vaniljessens (extrakt)

För toppen:
75 g/3 oz/½ kopp pulveriserat (konditor) socker, siktat

50 g/2 oz/¼ kopp smör eller margarin, smält

45 ml/3 matskedar varmt starkt svart kaffe

15 ml/1 sked kakao (sockerfri choklad).

2,5 ml/½ tsk vaniljessens (extrakt)

25 g/1 oz/¼ kopp torkad kokosnöt (strimlad).

Vispa ihop ägg och socker tills det blir ljust och pösigt. Sikta mjöl, bakpulver och salt växelvis med mjölken och det smälta smöret eller margarinet. Blanda i kakao och vaniljessens. Häll blandningen i en smord 20 cm/8 fyrkantig form (bricka) och grädda i en förvärmd ugn vid 200°C/400°F/gas 6 i 15 minuter tills den har fått en väl jäst och spänstig kontakt.

För att göra toppingen, blanda ihop florsocker, smör eller margarin, kaffe, kakao och vaniljessens. Bred över den varma kakan och strö över kokos. Låt svalna i pannan, vänd sedan ut och skär i rutor.

Hej Dolly Cookies

Gör 16

100 g/4 oz/½ kopp smör eller margarin

100 g/4 oz/1 kopp Digestive Biscuits

(Grahamskex-smulor

100 g/4 oz/1 kopp chokladchips

100 g/4 oz/1 kopp torkad kokosnöt (strimlad).

100 g/4 oz/1 kopp valnötter, hackade

Kondenserad mjölk 400 g/14 oz/1 stor burk

Smält smöret eller margarinet och blanda i kaksmulorna. Tryck ut blandningen i botten av en smord och folieklädd form 28 x 18 cm/11 x 7. Strö över chokladbitarna, sedan kokosen och till sist nötterna. Häll över den kondenserade mjölken och grädda i en förvärmd ugn vid 180°C/350°F/gasmark 4 i 25 minuter. Skär i skivor medan de fortfarande är varma och låt sedan svalna helt.

Kokosbars med nötter och choklad

Gör 12

75 g/3 oz/¾ kopp mjölkchoklad

75 g/3 oz/¾ kopp vanlig (halvsöt) choklad.

75 g/3 oz/1/3 kopp crunchy jordnötssmör

75 g/3 oz/¾ kopp graham cracker smulor

75 g/3 oz/¾ kopp valnötter, krossade

75 g/3 oz/¾ kopp torkad kokosnöt (strimlad).

75 g/3 oz/¾ kopp vit choklad

Smält mjölkchokladen i en värmesäker skål över en kastrull med sjudande vatten. Bred ut över botten av en 23 cm/7 fyrkantig form (panna) och låt stelna.

Smält försiktigt vanlig choklad och jordnötssmör på låg värme och rör sedan ner kaksmulor, nötter och kokos. Bred över den stelnade chokladen och ställ i kylen tills den stelnat.

Smält den vita chokladen i en värmesäker skål över en kastrull med sjudande vatten. Släpp kakorna i en panna och låt dem sedan sitta innan de skärs i stänger.

Valnötsfyrkant

Gör 12

75 g/3 oz/¾ kopp vanlig (halvsöt) choklad.

50 g/2 oz/¼ kopp smör eller margarin

100 g/4 oz/½ kopp socker (mycket fint).

2 ägg

5 ml/1 tsk vaniljessens (extrakt)

75 g/3 oz/¾ kopp vanligt mjöl (alltså).

2,5 ml/½ tesked bakpulver

100 g/4 oz/1 kopp hackade blandade nötter

Smält chokladen i en värmesäker skål över en kastrull med sjudande vatten. Rör ner smöret tills det smält och rör sedan i sockret. Ta av från värmen och vispa ägg och vaniljsaft. Sikta i mjöl, bakpulver och nötter. Häll blandningen i en smord 25 cm/10 fyrkantig form (bricka) och grädda i en förvärmd ugn vid 180°C/350°F/gasmärke 4 i 15 minuter tills den är gyllene. Skär i små rutor medan de fortfarande är varma.

Apelsin valnötsskivor

Gör 16

375 g/13 oz/3¼ koppar vanligt mjöl (all-purpose)

275 g/10 oz/1¼ koppar socker (mycket fint).

5 ml/1 tsk bakpulver

75 g/3 oz/1/3 kopp smör eller margarin

2 ägg, vispade

175 ml/6 ml oz/¾ kopp mjölk

200g/7oz/1 liten burk mandariner, avrunna och grovt hackade

100 g/4 oz/1 kopp valnötter, hackade

Finrivet skal av 2 apelsiner

10 ml/2 tsk mald kanel

Blanda samman 325g/12oz/3 dl mjöl, 225g/8oz/1 kopp socker och bakpulver. Smält 50 g/2 oz/¼ kopp smör eller margarin och blanda i ägg och mjölk. Blanda försiktigt vätskan i de torra ingredienserna tills den är slät. Vänd ner mandarinerna, pekannötterna och apelsinskalet. Häll upp i en smord och klädd kakform 30 x 20 cm/12 x 8. Gnid ihop resterande mjöl, socker, smör och kanel och strö över kakan. Grädda i en förvärmd ugn vid 180°C/350°F/gas 4 i 40 minuter tills de är gyllene. Låt svalna i pannan och skär sedan i cirka 16 skivor.

Parken

Gör 16 rutor

100 g/4 oz/½ kopp ister (förkortning)

100 g/4 oz/½ kopp smör eller margarin

75 g/3 oz/1/3 kopp mjukt farinsocker

100 g/4 oz/1/3 kopp gyllene sirap (lätt majs).

100 g/4 oz/1/3 kopp blodpudding (melass)

10 ml/2 tsk bikarbonatsoda (bakpulver)

150 ml/¼ pt/2/3 kopp mjölk

225 g/8 oz/2 koppar fullkornsmjöl (helvete).

225 g/8 oz/2 koppar havre

10 ml/2 tsk mald ingefära

2,5 ml/½ tsk salt

Smält ihop fett, smör eller margarin, socker, sirap och kyckling i en kastrull. Lös upp bikarbonatet i mjölken och blanda i pannan med de återstående ingredienserna. Häll upp i en smord och klädd 20 cm/8 fyrkantig form (bricka) och grädda i en förvärmd ugn vid 160°C/325°F/gas 3 i 1 timme tills den stelnar. Det kan sjunka emellan. Låt svalna och förvara sedan i en lufttät behållare i några dagar innan du skivar och serverar.

Jordnötssmörstänger

Gör 16

100 g/4 oz/1 kopp smör eller margarin

175 g/6 oz/1¼ koppar vanligt (all-purpose) mjöl.

175 g/6 oz/¾ kopp mjukt farinsocker

75 g/3 oz/1/3 kopp jordnötssmör

En nypa salt

1 liten äggula, vispad

2,5 ml/½ tsk vaniljessens (extrakt)

100 g/4 oz/1 kopp vanlig (halvsöt) choklad.

50 g/2 oz/2 koppar puffade risflingor

Gnid in smöret eller margarinet i mjölet tills blandningen liknar ströbröd. Rör ner sockret, 30 ml/2 msk jordnötssmör och salt. Häll i äggulan och vaniljessensen och blanda tills det är väl blandat. Tryck ut i en 25 cm/10 kakform. Grädda i en förvärmd ugn vid 160°C/325°F/gas 3 i 30 minuter tills de fått färg och är spänstiga vid beröring.

Smält chokladen i en värmesäker skål över en kastrull med sjudande vatten. Ta bort från värmen och rör ner resterande jordnötssmör. Häll i flingorna och blanda väl tills det är täckt med chokladblandningen. Släpp kakan med en sked och platta till ytan. Låt svalna, svalna sedan och skär i skivor.

Picknickskivor

Gör 12

225 g/8 oz/2 koppar vanlig (halvsöt) choklad.

50 g/2 oz/¼ kopp smör eller margarin, mjukat

100 g/4 oz/½ kopp strösocker

1 lätt uppvispat ägg

100 g/4 oz/1 kopp torkad kokosnöt (strimlad).

50 g/2 oz/1/3 kopp sultanor (russin)

50 g/2 oz/¼ kopp körsbär (kanderade), hackade

Smält chokladen i en värmesäker skål över en kastrull med lätt sjudande vatten. Häll i botten av en smord och fodrad 30 x 20 cm/12 x 8 rullpanna (geléform). Rör ihop smöret eller margarinet och sockret tills det blir ljust och pösigt. Tillsätt ägget gradvis och blanda sedan i kokos, sultan och körsbär. Bred över chokladen och grädda i en förvärmd ugn vid 150°C/300°F/gas 3 i 30 minuter tills den är gyllenbrun. Låt svalna och skär sedan i stänger.

Ananas och kokos barer

Gör 20

1 ägg

100 g/4 oz/½ kopp socker (mycket fint).

75 g/3 oz/¾ kopp vanligt mjöl (alltså).

5 ml/1 tsk bakpulver

En nypa salt

75 ml/5 msk vatten

För toppen:

200g/7oz/1 liten burk ananas, avrunnen och hackad

25 g/1 oz/2 msk smör eller margarin

50 g/2 oz/¼ kopp socker (mycket fint).

1 äggula

25 g/1 oz/¼ kopp torkad kokosnöt (strimlad).

5 ml/1 tsk vaniljessens (extrakt)

Vispa ihop ägg och socker tills det blir ljust och pösigt. Sikta växelvis mjöl, bakpulver och salt med vattnet. Häll upp i en smord och mjölad 18 cm/7 fyrkantig form (bricka) och grädda i en förvärmd ugn vid 200°C/400°F/gasmark 6 i 20 minuter tills den fått fin färg och blir elastisk vid beröring. Skeda ananasen över den varma kakan. Värm de återstående jästingredienserna i en liten kastrull på låg värme, rör hela tiden tills den är väl blandad utan att låta blandningen koka. Skeda över ananasen och sätt tillbaka kakan i ugnen i ytterligare 5 minuter tills toppen är gyllenbrun. Låt svalna i pannan i 10 minuter, överför sedan till ett galler för att avsluta kylningen innan du skär i stänger.

Tårta med plommonjäst

Gör 16

15 g/½ oz färsk jäst eller 20 ml/4 msk torrjäst

50 g/2 oz/¼ kopp socker (mycket fint).

150 ml/¼ pt/2/3 kopp varm mjölk

50 g/2 oz/¼ kopp smör eller margarin, smält

1 ägg

1 äggula

250 g/9 oz/2¼ koppar vanligt (all-purpose) mjöl.

5 ml/1 tsk finrivet citronskal

675 g/1½ lb plommon, i fjärdedelar och stenade (döpta)

Florsocker (konfektyr), siktat, för att pudra

Mald kanel

Blanda jästen med 5 ml/1 msk socker och lite varm mjölk och låt stå på en varm plats i 20 minuter tills den skummar. Vispa socker och resterande mjölk med smält smör eller margarin, ägg och äggula. Blanda samman mjöl och citronskal i en skål och gör en brunn i mitten. Vispa gradvis i jästblandningen och äggblandningen till en mjuk deg. Vispa tills degen är väldigt slät och det börjar bildas bubblor på ytan. Tryck ut försiktigt i en smord och mjölad 25 cm/10 fyrkantig form (panna). Lägg plommonen tätt intill varandra ovanpå degen. Täck med oljad plastfolie (plastfolie) och låt stå på en varm plats i 1 timme tills den fördubblats. Sätt in i en förvärmd ugn vid 200°C/400°F/gasmark 6, sänk sedan omedelbart ugnstemperaturen till 190°C/375°F/gasmark 5 och grädda i 45 minuter. Sänk ugnstemperaturen igen till 180°C/350°F/gasmarkering 4 och grädda i ytterligare 15 minuter tills den är gyllenbrun. Pudra kakan med strösocker och kanel medan den fortfarande är varm, låt den sedan svalna och skär den i rutor.

Amerikanska pumpastänger

Gör 20

2 ägg

175 g/6 oz/¾ kopp socker (mycket fint).

120 ml/4 ml oz/½ kopp olja

225 g/8 oz kokt pumpa, tärnad

100 g/4 oz/1 kopp vanligt mjöl (allt för ändamål).

5 ml/1 tsk bakpulver

5 ml/1 tsk mald kanel

2,5 ml/½ tesked bikarbonatsoda (bakpulver)

50 g/2 oz/1/3 kopp sultanor (russin)

Gräddost färskost

Vispa äggen mjuka och fluffiga, vispa sedan i socker och olja och rör ner pumpan. Vispa i mjöl, bakpulver, kanel och bakpulver tills det är väl blandat. Rör om sultanerna. Häll upp blandningen i en smord och mjölad 30 x 20 cm/12 x 8 Swiss Roll-form (geléform) och grädda i en förvärmd ugn vid 180°C/350°F/Gas 4 i 30 minuter tills ett spett sticks in. i mitten kommer det rent ut. Låt svalna, fördela sedan med färskost och skär i barer.

Barer med kvitten och mandel

Gör 16

450 g/1 pund kvitten

50 g/2 oz/¼ kopp ister (förkortning)

50 g/2 oz/¼ kopp smör eller margarin

100 g/4 oz/1 kopp vanligt mjöl (allt för ändamål).

30 ml/2 msk socker (superfint).

Cirka 30 ml/2 msk vatten

För fyllningen:
75 g/3 oz/1/3 kopp smör eller margarin, mjukat

100 g/4 oz/½ kopp socker (mycket fint).

2 ägg

Några droppar mandelessens (extrakt)

100 g/4 oz/1 kopp mald mandel

25 g/1 oz/¼ kopp vanligt mjöl (alltså).

50 g/2 oz/½ kopp strimlad (hackad) mandel.

Skala, kärna ur och skiva kvitten tunt. Lägg i en kastrull och bara täck med vatten. Koka upp och låt sjuda i cirka 15 minuter tills de är mjuka. Häll av överflödigt vatten.

Gnid in fettet och smöret eller margarinet i mjölet tills blandningen liknar ströbröd. Rör ner sockret. Tillsätt tillräckligt med vatten för att göra en mjuk deg, vänd sedan ut på en lätt mjölad yta och använd för att fodra botten och sidorna på en 30 x 20 cm/12 x 8 rullform (geléform) Pricka överallt med en gaffel. Använd en hålslev och arrangera kvitten över nudlarna.

Rör ihop smöret eller margarinet och sockret och vispa sedan gradvis ner ägg och mandelessens. Vänd ner malen mandel och mjöl och skeda över kvitten. Strö över den strimlade mandeln och baka i en förvärmd ugn vid 180°C/350°F/gas 4 i 45 minuter tills den är fast och gyllenbrun. Skär i rutor när de svalnat.

Druvstänger

Gör 12

175 g/6 oz/1 kopp russin

250 ml/8 ml oz/1 kopp vatten

75 ml/5 msk olja

225 g/8 oz/1 kopp socker (mycket fint).

1 lätt uppvispat ägg

200g/7oz/1¾ kopp vanligt (all-purpose) mjöl.

1,5 ml/¼ tsk salt

5 ml/1 tesked bikarbonat läsk (bakpulver)

5 ml/1 tsk mald kanel

2,5 ml/½ tsk mald muskotnöt

2,5 ml/½ msk malda kryddor

En nypa mald kryddnejlika

50 g/2 oz/½ kopp chokladchips

50 g/2 oz/½ kopp valnötter, hackade

30 ml/2 msk pulveriserat (konfektyr) socker, siktat

Koka upp russin och vatten, tillsätt sedan oljan, ta av från värmen och låt svalna något. Blanda sockret och ägget. Blanda samman mjöl, salt, bikarbonat och kryddor. Rör ner russinblandningen och rör sedan ner chokladen och nötterna. Häll upp i en smord 30 cm/12 fyrkantig form och grädda i en förvärmd ugn vid 190°C/375°F/gas 5 i 25 minuter tills kakan börjar krympa från sidorna av formen. Låt svalna innan du pudrar med strösocker och skär i barer.

Havregrynsruta med hallon

Gör 12

175 g/6 oz/¾ kopp smör eller margarin

225 g/8 oz/2 koppar självhöjande mjöl

5 ml/1 sked salt

175 g/6 oz/1½ kopp havregryn

175 g/6 oz/¾ kopp socker (mycket fint).

300 g/11 oz/1 medium burk hallon, avrunna

Gnid in smöret eller margarinet i mjölet och saltet och blanda sedan i havre och socker. Tryck ut hälften av blandningen i en smord 25 cm/10 fyrkantig form (bricka). Strö ut hallonen ovanpå och täck med resten av blandningen, tryck ner dem ordentligt. Grädda i en förvärmd ugn vid 200°C/400°F/gas 6 i 20 minuter. Låt svalna något i pannan innan du skär i rutor.